Walter Sydow

Sisyphos lernt tanzen

HERDER / SPEKTRUM

Band 4131

Das Buch

Sisyphos ist ein Mann, der bis zu Besinnungslosigkeit arbeitet. Der unter dem Zwang steht, alles gut und besser zu machen: Im Auftrag der Götter, so meint er, schleppt er jeden Tag schwere Steine den Berg hinauf, um dort – irgendwann – einen Tempel zu bauen. Dabei walzt er alles nieder, was ihm im Weg steht. Er sieht weder die Menschen, die ihn umgeben, noch die Natur. Das alles kommt uns sehr bekannt vor. Doch Walter Sydow hat schließlich die Geschichte eines „Helden" geschrieben, der lernt, kein Held mehr sein zu müssen. Sisyphos lernt tanzen. Langsam gehen ihm die Augen auf. Ein Junge begegnet ihm, der eine andere Wirklichkeit setzt. Es ist die Wirklichkeit der Beziehung: zu Männern und Frauen, zur Natur. Ein harter Mann entdeckt sich neu. Ein intelligentes Lesevergnügen voll hintergründigem Witz. Ein Buch, das männliche Archetypen tanzen läßt.

Der Autor

Walter Sydow, geboren 1948, promovierter Mathematiker, Computerspezialist. Er nimmt sich Zeit für den Tanz (afrikanischer und meditativer Tanz) und praktiziert Tai Chi. Er lebt in Seeheim-Jugenheim.

Walter Sydow

Sisyphos lernt tanzen

Ein Mann geht den Weg
der Befreiung

Herder

Freiburg · Basel · Wien

Originalausgabe

Technische Herstellung: Freiburger Graphische Betriebe 1992
Umschlaggestaltung: Joseph Pölzelbauer
Umschlagmotiv: Anton Hanak, Männerakt mit erhobenen Armen, 1915
ISBN 3-451-04131-6

Inhalt

Oben

Es ist geschafft. Wir sind oben.

Immer wieder wolltest du mir entwischen, den Berg hinabrollen.

Immer wieder habe ich dich gepackt, dich bergauf gestoßen. Immer wieder habe ich dir meinen Willen aufgezwungen. Ich bin stärker als du. Ich bin stärker als der Berg.

Den vierten Stein habe ich heute heraufgestemmt. Zeus und Hera, diesen Erfolg habt ihr mir gewiß nicht zugetraut. Begonnen habe ich vor vielen Jahren, diesen Stein bergauf zu schaffen. Seht, hier liegt er nun schon viele Monate. Ihr wolltet ihn jedesmal kurz vor dem Gipfel bergab rollen lassen. Oft gelang es euch, am Anfang immer.

Beim ersten Stein dauerte es Jahre, bis ich ihn oben hatte. Oft war ich verzweifelt. Aber ich gab nicht auf. Als es geschafft war, wartete ich einen ganzen Tag auf euer Lob. Nichts kam.

Zögernd wählte ich den nächsten Stein. Wolltet ihr mich durch euer Schweigen auf die Probe stellen? Ich stemmte den zweiten Stein bergauf. Oft entglitt er mir. Ich wurde wütend, konzentrierte mich auf den Stein, dachte weniger an euch. Allmählich ging es besser. Es tat gut, den Stein bergauf zu stoßen, meine Kraft zu zeigen, den Erfolg zu sehen. Ich lernte, ihm meinen Willen aufzuzwingen. Ich entwickelte meine Kraft, tat meine Pflicht. Ich stieß den Stein in ein paar Monaten zielstrebig nach oben. Da liegt er neben dem ersten. Wieder kam kein Lob von euch.

Ich begann mit dem dritten Stein, größer und schwerer als die ersten beiden. In zwei Wochen hatte ich ihn oben. Es war eine harte Arbeit, zielstrebig und erfolgreich.

Nachts gab es ein starkes Gewitter. Es goß in Strömen. Zum

Glück ahnte ich rechtzeitig Unheil. Ich blieb nicht faul in meiner Hütte liegen. Beim ersten Donner sprang ich auf, stürmte im Schein der Blitze auf den Berg. Der Untergrund bei den drei Steinen weichte auf, wurde vom starken Regen weggespült. Die Steine fingen langsam an bergab zu rutschen.

Zeus, das ist unfair. Willst du so in einer Nacht meine jahrelange Arbeit zuschanden machen?

Ich kämpfte. Einen Stein konnte ich halten. Die beiden anderen rutschten weiter. Dann kam die rettende Idee. Mit kleinen Steinen sicherte ich die großen ab. Die ganze Nacht arbeitete ich und stützte nach und nach alle drei Steine. Es konnte nichts mehr passieren.

Bei Sonnenaufgang ließ der Regen nach. In der Abenddämmerung wählte ich den vierten Stein und rollte ihn ein Stück bergauf. Jetzt ist er auf dem Gipfel.

Bei den ersten beiden Steinen nahm ich zufällige Wege. Gerade von dort, wo sie hingerollt waren, stieß ich sie möglichst gradlinig bergauf. Beim dritten suchte ich einen günstigen Weg. Es ging schneller, effektiver. Beim vierten Stein nahm ich den gleichen Weg. Schon am dritten Tag war er fast oben. Da lenkte ein Skorpion mich ab. Ich war schneller und zertrat ihn, bevor er stach. Der Stein entglitt mir und rollte den ganzen Berg hinunter.

Verfluchter Skorpion. Du störst meine Arbeit. Zertreten habe ich dich. Nie wieder wirst du mir im Wege sein. Beim nächsten Versuch ging alles glatt und planmäßig. In zwei Tagen hatte ich den vierten Stein oben. Größer und schwerer ist er als die anderen. Schneller hatte ich ihn oben.

Hera und Zeus, ihr wolltet die Steine immer wieder hinunterrollen lassen. Seht, vier sind oben, ein prächtiges Quadrat, solide und gut abgesichert. Kein Gewitterregen wird sie unterspülen. Nie wieder rollen sie hinab. Heute nacht werde ich in Ruhe schlafen.

Zeus und Hera, ihr wollt meine Kraft nicht anerkennen. Nun denn, ich brauche euer Lob nicht. Die Steine sind mir Lob genug. Ich werde weitere Steine hierher rollen. Ich werde hier oben ein Denkmal bauen. Damit jeder meine Kraft bewundert, meine Zielstrebigkeit, meinen Erfolg.

Oft kamen Wanderer vorbei, sahen mir zu, schüttelten die Köpfe. Sisyphos, was tust du? Sie lachten mich aus. Seht den Erfolg meiner Arbeit, wandert weiter, erzählt überall von Sisyphos, daß er tut, was keiner vor ihm tat, wozu keiner die Kraft hat. Erzählt, daß seine Steine oben bleiben, die doch Zeus und Hera immer wieder hinabrollen wollten.

Morgen kommt der fünfte Stein, dann der sechste, der siebte, der achte und so weiter und so weiter, bis ich alle Steine oben habe.

Sisyphos, was tust du?

Erfolg habe ich, unaufhaltsam.

Auf dem Weg zur Hütte kommt Sisyphos an der Quelle vorbei, aus der er oft getrunken hat. Die Quelle ist fast trocken, zum ersten Mal seit Sisyphos sie kennt. Was kümmert es mich. Morgen kommt der fünfte Stein auf den Berg.

Erdbeben

Mitten in der Nacht wacht Sisyphos auf. Die Erde bebt. Meine Steine. Sisyphos springt auf, läuft den Berg hinauf bei hellem Mondschein.

Die Steine sind noch oben, zwar etwas abgesackt, aber nicht sehr. Das Erdbeben hat sie nur ein bißchen gelockert.

Das bekomme ich schnell wieder hin. Meine Steine werden danach sicherer liegen als zuvor, allen Erdbeben trotzen.

Ein Denkmal werde ich hier bauen zu meinem Ruhm. Erzählen werde ich, welche Schwierigkeiten ich überwunden habe durch meine große Kraft und Klugheit. Sisyphos heiß' ich, der sehr weise. Ich bin klüger als die Götter.

Erneut bockt die Erde wie ein störrischer Esel.

Vergeblich. Meine Steine kannst du nicht abwerfen. Ich bewache sie die ganze Nacht.

In der Morgendämmerung geht Sisyphos bergab, um mit dem fünften Stein zu beginnen. Mittags ist das erste Drittel geschafft, reine Routinesache. Die Sonne brennt heiß. Er hat viel geschwitzt. Aber die Quelle ist trocken.

Ich werde im Dorf Wasserschläuche kaufen und sie mit dem Wasser von der Quelle bei meiner Hütte füllen. Diese zusätzliche Arbeit ist ärgerlich.

Sisyphos geht zu seiner Hütte. Das Erdbeben hat sie beschädigt, das Dach ist eingestürzt, die Wände stehen. Bis zum Winter werde ich draußen schlafen.

Da ist der Krug, den Zeus mir gab bei seinem Auftrag. Solange ich arbeite, den Stein bergauf rolle, sei soviel Geld im Krug, wie ich verdiene, versprach er. Vorsichtshalber habe ich weitere Krüge gekauft und jeden Tag ein paar Münzen hineingetan. Sicher ist sicher.

Sisyphos geht zum Dorf. Nach einer Stunde kommt er an. Die Entfernung ist lästig, hat aber ihre Vorteile, denn so wird er selten von den Dorfbewohnern gestört. Einmal erwarb er einen Esel, der sollte die Einkäufe vom Dorf zu seiner Hütte tragen. Der Esel war störrisch, wollte dauernd fressen, nie arbeiten. Er war zu nichts nütze. Sisyphos jagte ihn fort.

Sisyphos kauft Wasserschläuche, Brot, Käse und Oliven. Der Händler erzählt vom Erdbeben, ganz leicht sei es gewesen, nur ein Hühnerstall sei eingestürzt.

Zurück bei seiner Hütte, füllt Sisyphos einen Schlauch mit Wasser. Es bleibt nur wenig Zeit bis zur Dämmerung. Der Gang zum Dorf hat aufgehalten. Er geht zum Stein und stemmt ihn weiter nach oben. Es geht gut voran.

Heute schaffe ich es nicht mehr. Morgen gelingt es bestimmt.

Vor Sonnenaufgang steht er auf, trinkt und ißt hastig, füllt zwei Wasserschläuche mit Wasser, läuft zum Stein und rollt ihn weiter. Dann eine Stockung. Der Stein ist plötzlich schwerer geworden.

Das kann nicht sein.

Aber es ist so. Vergeblich versucht Sisyphos den Stein weiter zu stemmen. Das darf nicht sein. Wütend blickt er auf. Ein Erdrutsch hat den Weg verschüttet.

Der Erdrutsch ist so groß, daß er ihn nicht mit den Händen wegräumen kann, und starke Äste sind hier nicht zu finden. Einen anderen Weg zu nehmen ist schlecht.

Hoffentlich hat der Händler eine große Schaufel.

Blöder Zeitverlust, boshafter Zeus. Gestern abend sollte der fünfte Stein oben sein, erst die Hälfte ist geschafft, und jetzt diese neue Unterbrechung.

Sisyphos geht zum Dorf. Der Händler wundert sich, kommt Sisyphos doch normalerweise nur einmal in der Woche.

„Sisyphos, dein Haus ist beschädigt vom Erdbeben, der Schäfer hat es mir erzählt. Brauchst du Hilfe?"

„Ich helfe mir selbst. Ich will eine starke Schaufel, die nicht sofort zerbricht."

Der Händer hat tatsächlich eine, Sisyphos prüft und kauft sie.

„Wozu brauchst du die Schaufel?"

Sisyphos hat es wie immer eilig.

Der Schäfer muß nahe bei meinem Haus gewesen sein, sonst hätte er nicht sehen können, daß das Dach eingestürzt ist. Das gefällt mir nicht. Ich werde die Geldkrüge verstecken, sonst findet er sie und beraubt mich.

Spätnachmittags ist der Weg freigeschaufelt. Sisyphos rollt den Stein weiter bergauf, bis es dunkelt.

Morgen werde ich ihn gewiß oben haben. Ganz gewiß.

Jagd

Heute abend ist der Stein mit Sicherheit oben.

Alles läuft planmäßig.

Ein Schatten. Der Skorpion sticht zu. Einen Augenblick ist Sisyphos abgelenkt. Der Stein poltert hinunter.

Dieser verfluchte Skorpion. Ich will nicht sterben. Alle würden mich verspotten. Schwere Steine rollt der große Sisyphos den Berg hinauf, aber ein kleiner Skorpion tötet ihn. Ich bin stark. Mich bringt ein Stich nicht um.

Morgen werde ich auf Skorpionjagd gehen. Ich werde sie alle töten.

Der Stein liegt mitten in der Hütte. Eine Wand hat er eingerissen und die Quelle verschüttet. Zwischen dem Geröll sickert Wasser durch.

Verdammt, meine letzte Quelle ist verdorben.

Sisyphos räumt die Quelle frei. Er kühlt das gestochene Bein im trüben Wasser. Allmählich läßt der Schmerz nach.

Die Nacht ist unruhig. Das gestochene Bein schmerzt. Morgen gehe ich auf Skorpionjagd. Alle Steine werde ich umdrehen, alle Skorpione töten. Nie wieder wird mich einer stechen.

Dicke Stiefel ziehe ich mir an und feste Handschuhe.

Der erste Stein, umgedreht. Kein Skorpion. Nun der nächste, wieder kein Skorpion. Der dritte, immer noch kein Skorpion. Seid ihr voller Angst davongelaufen? Ihr könnt euch nicht retten. Ich lasse keinen entwischen.

Es wird Mittag. Tausende von Steinen habe ich umgedreht, aber keinen Skorpion entdeckt. Wenn ich so weitermache, brauche ich Monate. Eine richtige Arbeit ist das nicht für mich. Diese kleinen Steinchen sind Spielzeug für Kinder. Halt, ich sage im Dorf, daß die Kinder nach den Skorpionen suchen sollen. Dann kann ich den fünften Stein nach oben rollen, während die Kinder die Skorpione fangen.

Nein, die Idee ist nicht gut. Wenn die Kinder hier monatelang herumsuchen, würde das ständig stören. Sie fragen so dumm. Sisyphos, was tust du?

Feuer ist die Lösung. Trockenes Gestrüpp ist reichlich vorhanden. Ich werde es abbrennen. Dann verbrennen die Skorpione mit, und das nutzlose Gestrüpp bin ich auch los. Gut, daß ich mir vor Jahren diesen Brennspiegel kaufte. Erst glaubte ich nicht, was man erzählte. Wie hieß er noch? Archimes, oder so ähnlich. Der soll das erfunden haben. Ein reisender Händler führte es vor. Er hielt den Spiegel in die Sonne, richtete ihn auf trockenes Stroh. Es qualmte, glimmte und auf einmal Feuer. Viel Geld forderte er für den Spiegel. Ich handelte den Preis herunter.

An einer geeigneten Stelle sucht Sisyphos trockene Blätter und kleine Zweige zusammen und richtet den Brennspiegel auf sie. Es beginnt zu qualmen. Sisyphos bläst und pustet. Die ersten Flammen. Es brennt.

Jetzt geht es euch an den Kragen, ihr verdammten Skorpione. Ich werde mit einem glühenden Ast um den Berg herumgehen und überall das Dornengestrüpp anzünden. Dann geht es schneller, und die Skorpione können nicht entkommen.

Das Feuer gefällt mir. Es brennt prächtig.

Jetzt bin ich einmal herum, gehe bergauf.

Hier oben habe ich einen guten Überblick. Ringsherum lodert es. Alle Skorpione werden geröstet.

Der Qualm beißt meine Augen. Das Gestrüpp hier werde ich ausreißen, damit es nicht anfängt zu brennen.

Das war der letzte Dornbusch. Jetzt bin ich zwischen meinen Steinen sicher.

Was war das? Will sich ein unverschämter Skorpion hier in Sicherheit bringen? Das geht zu weit. Wenn das Feuer verlöscht ist, werde ich alles genau untersuchen. Sobald ein weiterer Skorpion auftaucht, jage ich ihn zurück in das Feuer.

Der Rauch ist schlimm. Hoffentlich ist der Schäfer nicht auf dem Berg. Wenn eines seiner Tiere verbrennen würde, gäbe es Ärger. Ich würde es ihm bezahlen, aber er hängt an seinen Tieren.

Wieso bezahlen? Niemand kann beweisen, daß ich das Feuer angezündet habe. Also brauche ich nicht zu zahlen.

He du, Skorpion. Zurück mit dir ins Feuer. Oder soll ich dich zertreten? Was ist dir lieber, Ungeziefer? Er bleibt sitzen. Nun gut. Dieser schöne Stein wird dich zermalmen. Getroffen.

Im Laufe des Nachmittags läßt das Feuer nach. Die Dornbüsche sind verbrannt.

Das war ganze Arbeit. Kein Skorpion wird mich in Zukunft stechen, in keinem Gestrüpp werde ich hängenbleiben. Morgen abend ist der fünfte Stein endlich oben.

Die Hütte hat gebrannt. Der Geldkrug blieb unversehrt.

Das ist das wichtigste. Meine Decke, Brot und Käse sind verbrannt, die Wasserschläuche, der Schaufelstiel. Die Quelle ist voll schwarzer Asche.

Bis zum Dorf ist der Brand nicht gekommen. Der Händler ist aufgeregt.

„Wir fürchteten alle, daß du verbrannt bist, Sisyphos."

„Jetzt sind alle Skorpione tot."

„Du hättest verbrennen können, und deine Hütte. Unser Dorf hätte mitbrennen können, unsere Felder, unsere Tiere und wir selbst."

„Beruhige dich, Händler. Es ist nichts passiert. Nur diese boshaften Skorpione sind verbrannt. Gestern stach mich einer. Nein, er wollte mich stechen. Ich war schneller und zertrat ihn."

„Hast du den Berg angezündet?"

„Der Sonnengott war es. Ich brauche eine Decke und Lebensmittel wie üblich. Und Wasserschläuche."

„Wasserschläuche habe ich nur einen."

„Laß zehn neue nähen, aber schnell."

„So viele? Du hast bis vor kurzem nie Wasserschläuche gebraucht. Auf deinem Berg gab es immer genug Wasser in den beiden Quellen."

„Die eine Quelle ist versiegt."

„Das hat es noch nie gegeben, Sisyphos."

Sisyphos geht zurück. Wenn die Quelle bei meiner Hütte austrocknen sollte, lasse ich mir Wasser vom Dorf bringen.

Morgen zwinge ich den fünften Stein nach oben.

Planmäßig

Am nächsten Morgen beginnt Sisyphos wieder mit dem fünften Stein. Schritt für Schritt stemmt er ihn nach oben. Kein einziges Mal verliert er die Kontrolle. Mittags geht er zu seiner Hütte, füllt seinen Wasserschlauch, geht zurück zum Stein und arbeitet zielstrebig weiter.

Am Abend ist er oben.

Zeus und Hera, hier bin ich mit dem fünften Stein. Nur einen Tag habe ich für ihn gebraucht. Ich bin stärker als die schweren Steine, zwinge ihnen meinen Willen auf.

Jeden Tag werde ich einen weiteren Stein heraufrollen. Im Herbst werde ich eine Burg bauen aus meinen Steinen. Kein Gewitterregen und kein Erdbeben kann sie zerstören.

Ich werde einen Sänger kommen lassen, damit er ein Lied macht zu meinem Ruhm.

Sisyphos, was tust du, haben viele gefragt. Seht und hört, bewundert mich. Diese Burg habe ich gebaut, hier oben auf dem Gipfel meines Berges.

Viele Sänger werde ich kommen lassen.

Den Winter werde ich Pläne schmieden für das nächste Jahr. Vielleicht werde ich die Burg vergrößern, einen hohen Turm bauen, eine Prachtstraße aus dem Tal zu meiner Burg.

Auch am folgenden Tag läuft alles reibungslos. Abends ist der sechste Stein oben, liegt inmitten der anderen fünf. Beim siebten Stein gibt es ebenfalls keine Probleme.

Nun habe ich drei Steine in drei Tagen nach oben geschafft. Die Arbeit wird zur Routine. Meine Handgriffe sitzen sicher. Es geht nichts daneben. So soll es sein. So wird es bleiben.

Der achte Stein ist wie gewohnt mittags auf die halbe Höhe gewuchtet. Sisyphos geht zu seiner Hütte Wasser holen.

Diese Wasserholerei ist lästig. Außerdem Frauenarbeit.

Auf dem Rückweg stolpert Sisyphos. Ein spitzer Stein schlitzt den Wasserschlauch auf. Das Wasser läuft aus, der Schlauch ist hin. Mist.

Am späten Nachmittag ist der achte Stein oben.

Der Wasserschlauch fehlt. Ich werde sofort die neuen holen.

Die Wasserschläuche sind fertig. Sisyphos kauft sie.

Hoffentlich halten sie besser als der erste. Der zerriß sofort.

Am nächsten Tag beginnt Sisyphos mit dem neunten Stein. Wieder verläuft alles reibungslos. Es ist beinahe langweilig. Mittags geht er zu seiner Hütte und füllt die Wasserschläuche. Beim ersten geht es schnell, später läuft das Wasser nur langsam nach. Sisyphos wird ungeduldig.

Ich habe keine Lust, hier lange zu warten. Auf nichts ist Verlaß. Schneller, Quelle! Beeile dich! Ich muß zurück zum Stein, damit er heute noch nach oben kommt. Ich muß meinen Plan unbedingt einhalten.

Als endlich der zweite Schlauch voll ist, geht Sisyphos tatendurstig an die Arbeit und rollt den neunten Stein nach oben.

Über die nächsten Jahre ist nicht viel zu berichten. Fast jeden Tag rollt Sisyphos einen Stein hinauf. Mal gibt die Quelle reichlich Wasser, mal weniger. Oben auf dem Berg sind inzwischen über tausend Steine. Sisyphos plant weiterhin, daraus eine feste Burg, einen Palast zu bauen. Aber er weiß nicht recht, wie er das anfangen soll. Also rollt er weiter Steine, Tag für Tag, Jahr für Jahr.

Wieder einmal gibt die Quelle bei seiner Hütte nur wenig Wasser.

Tropf, tropf, tropf.

Sisyphos, was tust du?

Ich zähle Wassertropfen. Wann ist der Schlauch endlich voll?

Die Hütte verfällt weiter. Sisyphos hat keine Zeit gehabt, sie zu reparieren, hat sich keine Zeit genommen. Die Steine sind wichtiger.

Tropf, tropf, tropf. Verdammt, mein Rücken. Ich kann mich kaum bewegen nach diesem langen Stillsitzen an der Quelle. Ich brauche Bewegung, handfeste Arbeit. Die hält mich gesund, stark und beweglich. Beim Steinerollen spüre ich nie einen Schmerz im Rücken, aber hier beim Stillsitzen. Ruhe ist Gift. Endlich ist der Schlauch voll.

Schnell an die Arbeit.

Mein Rücken. So schmerzte er noch nie. Ich muß arbeiten. Ich besiege meinen inneren Schweinehund. Dieser kleine Schmerz wirft mich nicht um.

Mühsam steht Sisyphos auf und rollt den ausgesuchten Stein weiter. Nach einiger Zeit nimmt er den Schmerz nicht mehr wahr, konzentriert sich voll auf den Stein, stemmt ihn routiniert den Berg hinauf.

Am Abend ist der Stein oben.

Im nächsten Winter werde ich ausruhen, nicht mehr im strömenden Regen Steine den Berg hinaufrollen. Ich fürchte, es ist schlecht für meinen Rücken, wenn er durchnäßt und kalt wird. Nach den vielen Jahren Arbeit habe ich eine Pause verdient. Das kann Zeus mir nicht übelnehmen.

Doch: Einen langen trüben Winter stillsitzen und rosten?

Nein, ich werde lieber einen Mantel kaufen, der den Regen erst nach vielen Stunden durchläßt. Meine Hütte werde ich reparieren, damit ich nachts den Mantel trocknen kann. Das wird gut für meinen Rücken sein.

Oder soll ich sofort beginnen, auf dem Berg meine Burg zu bauen. Dann verliere ich keine Zeit mit der Hütte. Zeus hat angeordnet, ich solle Steine den Berg hinaufrollen, vom Burgenbauen hat er nichts gesagt. Außerdem habe ich noch nie eine Burg errichtet. Ich weiß nicht, wie ich es anfange. Die Burg könnte einstürzen. Dagegen kann dem Steinhaufen nichts passieren. Eigentlich brauche ich eine Burg nicht. Dieser Steinberg ist viel eindrucksvoller. Er zeigt viel besser als eine Burg, was ich geschafft habe.

Arbeiten und nicht verzweifeln

Beim kargen Frühstück denkt Sisyphos über die Reparatur seiner Hütte nach.

Viele Jahre habe ich mit der zerbrochenen Hütte gelebt. Ein Erdbeben hat ihr Dach zerstört, ein herunterrollender Stein eine Wand umgerissen. Ich habe mich nie um ihren Verfall gekümmert, nur um die Steine. Aber im nächsten Winter muß ich im Trockenen schlafen, sonst wird mein Rücken immer steifer.

Zuerst werde ich die Wand aufbauen. Jeden Morgen werde ich früher aufstehen, um vor dem Steinerollen an der Hütte zu arbeiten. So kann ich meine Hütte reparieren und trotzdem jeden Tag einen Stein den Berg hinaufstemmen.

Nun an die Arbeit. Wenn ich mit dem Stein schnell fertig werde, kann ich noch heute die Reparatur der Wand vorbereiten.

Auch an diesem Tag rollt Sisyphos den Stein gekonnt nach oben. Keine besonderen Vorkommnisse. Nur anfangs schmerzte der Rücken etwas.

Sisyphos beginnt aufzuräumen. Er reißt die Pflanzen aus, die bei der zerbrochenen Wand gewachsen sind.

Wenn man auf die Natur nicht scharf aufpaßt, macht sie, was sie will. Damit ist jetzt Schluß. Ihr Unkräuter, weg mit euch! Ihr seid zu nichts zu gebrauchen.

Am nächsten Morgen wacht Sisyphos wie geplant eine Stunde früher auf. Im Schein des Mondes ißt und trinkt er, beginnt, an der Wand zu arbeiten.

Die unterste Lage der Steine ist zügig gelegt. Nun die zweite Lage. Blöder Stein, wackel nicht so. Mistding. Endlich, hier liegt er fest.

Mit allen Steinen muß Sisyphos eine Weile probieren. Das ist eine harte Geduldsprobe.

Jetzt fange ich mit der richtigen Arbeit an und stoße den nächsten Stein den Berg hinauf. Das ist eine ernsthafte Arbeit, und man sieht, was man schafft.

Am Abend ist der Stein oben. Sisyphos geht zufrieden den Berg hinunter. Erst befestigt er den Wasserschlauch bei der Quelle. Dann arbeitet er an der Wand.

Eine richtige Arbeit ist das nicht. Jeden Stein an vielen Stellen ausprobieren. Ein Spiel für Kinder. Sisyphos ist genervt.

Nach ein paar Wochen ist die Wand immer noch ziemlich niedrig.

Ihr dummen Steine. Da gehörst du hin. Lieg endlich ruhig. Du kannst wohl nicht stilliegen? Miststein. Wie ist es hier? Auch nicht. Diese kleinen Steine sind schlimmer als die großen. Sie wollen einfach nicht ruhig liegen. Mein Rücken. Heute werde ich keinen Stein den Berg hochwälzen, zum ersten Mal seit vielen Jahren. Ich werde hier bleiben und an der Wand bauen, sonst dauert es zu lange.

Ein paar Stunden baut Sisyphos weiter, ungeduldig und unzufrieden.

Wenn Zeus sehen würde, wie ich meine Zeit mit der Wand vergeude, statt meine eigentliche Aufgabe zu erfüllen!

Blödes Steinchen, tanz nicht so wild herum!

„Sisyphos, was tust du?"

„Ich arbeite."

„Arbeit nennst du das!"

„Ich baue die Wand meiner Hütte, damit ich im Winter trocken schlafen kann."

„Du sollst Steine den Berg hinaufrollen."

Halb erleichtert, halb gezwungen läuft Sisyphos zu dem Stein, den er gestern abend ausgesucht hat, und wuchtet ihn bergauf. Die Rückenschmerzen sind verschwunden. Endlich eine richtige Arbeit. Sisyphos strengt sich tüchtig an. Er will den Stein unbedingt an diesem Tag nach oben bringen. Er ist fast oben, als die Sonne untergeht. Das letzte Stück schaffe ich auch noch.

Er schafft es tatsächlich.

Das war harte Arbeit, schnell und effektiv. In so kurzer Zeit habe ich noch nie einen Stein nach oben bekommen.

Am nächsten Morgen wacht Sisyphos zerschlagen und müde auf. Die Gewaltanstrengung des gestrigen Tages sitzt ihm in den Knochen. Der Rücken schmerzt.

Eigentlich sollte ich sofort beginnen, den heutigen Stein bergauf zu rollen. Meine Muskeln sind steif und verspannt. Ich baue lieber erst an der Mauer. Das lockert mich.

Heute sind die kleinen Steine besonders eigenwillig. Ihr ärgert mich mit eurer Zappelei. Ich gehe an die richtige Arbeit. Wenn abends der Stein oben ist, werde ich die Wand weiterbauen.

Während Sisyphos den Stein bergauf wälzt, wird er allmählich ruhiger. Die Arbeit nimmt ihn voll in Anspruch, er hat ein Ziel. Oben angekommen, geht die Sonne noch lange nicht unter. Heute bleibt viel Zeit für die Wand.

Vielleicht sollte ich die Leute im Dorf fragen, wie sie ihre Wände bauen, ob bei ihnen die Steine auch so wackeln, und was sich dagegen tun läßt. Nein, ich frage lieber nicht. Sonst bin ich blamiert. Große, schwere Steine rollt Sisyphos den Berg hinauf. Eine kleine Wand bauen kann er nicht. Das ganze Dorf wird mich auslachen.

Am nächsten Tag macht er es genauso. Wieder hat er den Stein schnell oben, lange vor Sonnenuntergang. Es bleibt Zeit, an der Wand der Hütte weiterzubauen.

„Sisyphos, was tust du?"

„Ich habe schon einen Stein bergauf gerollt. Ich habe mich sehr beeilt, damit Zeit bleibt, meine Hütte zu reparieren."

„Du brauchst keine Hütte. Du sollst Steine den Berg hinaufrollen. Das ist deine Aufgabe. Sonst nichts."

„Ich muß im Winter trocken schlafen, damit mein Rücken nicht mehr schmerzt und ich besser arbeiten kann."

„Du brauchst keine Hütte. Los, an die Arbeit!"

Widerwillig geht Sisyphos zu dem Stein, den er für morgen vorgesehen hat. Er beginnt, ihn bergauf zu stemmen. Zeus läßt mir keine Ruhe. Ein Stein am Tag sollte reichen. Endlich geht die Sonne unter. Für heute ist es genug. Einen Stein ganz nach oben, und dieser zweite das erste Fünftel. Das ist eine Leistung.

Der Rücken schmerzt, die Arme sind müde.

In der Nacht schläft Sisyphos schlecht. Er träumt, daß seine Quelle versiegt. Durst, Hitze, Steine und kein Wasser. Er schreckt auf. Es ist dunkel. Zum ersten Mal seit dem Steinerollen hat er nachts geträumt. Oder war es kein Traum? Er steht auf und tastet sich zur Quelle. Nichts Besonderes. Sie läuft nicht viel, aber sie gibt genug. Dummer Traum. Warum soll die Quelle austrocknen? Sie hat immer Wasser gegeben.

Nach dem hastigen Frühstück läuft Sisyphos zum Stein. Den habe ich bald oben. Vorsichtshalber fülle ich ein paar Wasserschläuche, damit ich einen Vorrat habe, falls die Quelle versiegen sollte. Unsinn. Die Quelle versiegt nicht.

Während er den Stein bergauf rollt, denkt er immer weniger an den Traum, konzentriert sich ganz auf seine Arbeit. Sie ist das Wichtigste, lenkt von unnützen Gedanken ab, gibt dem Leben Sinn und Halt. Am frühen Nachmittag ist der Stein oben.

Eigentlich ist es so geschickter. Morgens stemme ich den

Stein ganz nach oben. In der Mittagshitze repariere ich meine Hütte. Wenn es kühler wird, fange ich mit dem nächsten Stein an.

Die Quelle läuft normal. Sisyphos trinkt, ißt und baut an der Wand.

„Sisyphos, was tust du?"

„Zeus, ich denke, ich . . . Einen Stein habe ich heute schon nach oben gestemmt. Mit dem zweiten werde ich gleich beginnen."

„Ich verbiete dir, die Hütte zu reparieren."

„Zeus, laß mich im Winter trocken schlafen, damit mein Rücken nicht schlimmer wird, damit ich tatkräftig arbeiten kann."

„Du brauchst keine Hütte. Warum willst du sie plötzlich reparieren? Willst du dich vor deiner Arbeit drücken?"

Sisyphos rollt weiterhin Steine bergauf, jeden Tag einen. Ab und zu denkt er an die zerfallene Hütte, würde sie gerne reparieren. Zeus hat es verboten. Sisyphos fügt sich. Schließlich hat er seine Arbeit, und Zeus ist der Chef. Jeden Tag ein neuer Stein, eine neue Herausforderung, ein neuer Erfolg. Jeden Tag ein neuer Lebenssinn. Was soll da die kaputte Hütte? Er braucht sie wirklich nicht. Zeus hat recht. Nur nicht an den Rücken denken, die Schmerzen und den nächsten Winter.

Der Wasserschlauch ist so leicht. Ich habe ihn doch richtig befestigt. Nur mit der Ruhe.

Die Quelle ist trocken. Das kann nicht sein. Bisher gab sie genug. Jetzt gibt sie nichts. Das darf nicht wahr sein. Morgen gibt sie bestimmt wieder Wasser.

Am nächsten Morgen sucht Sisyphos seine Wasserschläuche zusammen. An der Dorfquelle füllt er sie und geht schwer beladen zurück.

Heute schaffe ich es leider nicht mehr, einen Stein nach oben zu rollen.

„Sisyphos, was tust du?"
„Ich habe kein Wasser."
„Arbeiten sollst du. Ich will nicht Unmögliches fordern. Heute ist es zu spät, einen Stein ganz nach oben zu bringen. Aber morgen abend will ich zwei neue Steine oben liegen sehen."

Zeus, du bist streng. Wie soll ich das schaffen? Zum Glück habe ich genug Wasser vom Dorf mitgebracht.

Sisyphos arbeitet, bis es dunkel wird. Der Stein ist halb oben. Siehst du, Zeus, soviel habe ich geschafft, obwohl ich ins Dorf mußte, um Wasser zu holen. Morgen werde ich diesen Stein und einen weiteren nach oben bringen.

Am nächsten Abend sind tatsächlich zwei neue Steine oben und der dritte schon ein Stück bergauf gerollt.

Zeus, ich habe hart gearbeitet trotz der Rückenschmerzen. Befiehl, daß die Quelle Wasser gibt, damit ich besser arbeiten kann und meine Zeit nicht damit verschwenden muß, Wasser zu holen.

Die Quelle bleibt trocken. Hoffentlich kommt bald der Winter und der erste Regen. Dann wird die Quelle endlich wieder Wasser geben.

Zuerst hat Sisyphos jeden dritten Tag Wasser aus dem Dorf geholt. Bald ist er es leid. Er beauftragt den Händler, seinen Sohn mit dem nötigen Wasser zu schicken. Jetzt kostet das Wasserholen keine Zeit mehr. Die Frauen an der Dorfquelle gucken nicht mehr so komisch. Die Quelle kann jahrelang trocken bleiben. Ich brauche sie nicht mehr.

Der Winter fängt an. Fast jeden Tag regnet es ausgiebig. Die Quelle bleibt trocken.

Sisyphos kommt durchnäßt zu seiner Hütte. Er stutzt. Was läuft der Sohn des Händlers so komisch herum? Oft bleibt er stehen und sieht sich um. Sucht er etwas? Nun geht er einige Schritte weiter und guckt wieder. Sisyphos wird mißtrauisch. Hat der Sohn des Händlers den Geldkrug entdeckt? Sucht er mehr?

„He. Was suchst du?"

„Hast du mich erschreckt, Sisyphos."

„Ich habe dich überrascht. Gib zu, was du suchst."

„Ich suche eine Zisterne."

„Hier ist keine Zisterne, hier war nie eine Zisterne."

„Sisyphos, ich habe eine Idee. Ich bringe dir jeden dritten Tag Wasser, weil deine Quelle trocken ist."

„Das weiß ich selbst."

„Seit Wochen regnet es fast jeden Tag. Du könntest eine Zisterne bauen. Dann hast du Wasser den ganzen Sommer lang und kannst dir einen Garten anlegen und bewässern."

„Verschwinde sofort, sonst setzt es Prügel."

Enttäuscht geht der Junge heim. Warum regt sich Sisyphos so auf? Irgendwie ist er nicht richtig im Kopf. Jeden Tag Steine wälzen. Es ließe sich leicht eine Zisterne bauen. Er hört überhaupt nicht zu. Ich werde es später noch einmal versuchen.

Endlich ist er fort, der naseweise Bengel. Eine Zisterne soll ich bauen. So ein Quatsch. Jeden dritten Tag soll er mir Wasser bringen. Dafür wird er bezahlt. Seine Nase in meine Angelegenheiten stecken, das geht zu weit. Das lasse ich mir nicht gefallen. Dummer Junge. Du willst klüger sein als ich. Rotznase, werde bloß nicht frech.

Es regnet weiter viele Tage. Der Rücken schmerzt stärker und häufiger. Mistregen. Ich lasse mich nicht unterkriegen. Jeden Tag schaffe ich einen weiteren Stein nach oben.

„Sisyphos, du bist klatschnaß."

„Was willst du? Hau ab."

„Hast du trockene Kleider in deiner Hütte?"

„Natürlich."

„Soll ich dir was zeigen?"

„Was kannst du mir schon zeigen?"

„Ich habe einen Platz für deine Zisterne gefunden."

„Wenn du noch einmal damit anfängst, bekommst du Prügel."

„Dann bringe ich dir kein Wasser mehr."

„Es gibt genug Jungen im Dorf, die sich gerne Geld verdienen. Verschwinde."

In diesem Winter regnet es mehr als sonst. Der Weg wird grundloser, das Steinerollen schwieriger. Die Quelle bleibt trocken. Vielleicht hätte ich doch eine Zisterne bauen sollen. Der Rücken schmerzt.

Endlich kommt der Frühling. Es regnet seltener. Die Quelle gibt wieder Wasser. Eine Zisterne bauen wäre völlig überflüssig gewesen. Genauso überflüssig wie das Reparieren der Hütte. Sisyphos ist zufrieden mit sich. Trotz des vielen Regens, der Schmerzen im Rücken hat er auch im Winter jeden Tag einen Stein nach oben gebracht.

Opfertanz

Seit einigen Wochen regnet es nicht mehr. Die Rückenschmerzen werden schwächer. Die Quelle ist wieder trocken. Der Junge muß wieder jeden dritten Tag Wasser bringen. Vielleicht wäre eine Zisterne doch nicht so schlecht gewesen.

„Ich will dir etwas verraten. Du darfst es nicht weitersagen."

„Laß mich in Ruhe."

„Ich habe den Stier gesehen."

„Verschwinde."

„Ich habe den Opferstier gesehen."

„Was du nicht sagst."

„Er ist groß und stark. Er hat ganz viele Muskeln. Genau wie du."

„Komischer Vergleich."

„Er guckt ganz streng und grimmig. Genau wie du."

„Hau ab."

„Er ist mächtig stark und wild."

„Verschwinde endlich."

„Übermorgen feiern wir das Opferfest."

„Das interessiert mich nicht."

„Bist du auch da? Alle Männer des Dorfes feiern mit. Mein Vater sagt, du kannst auch kommen."

„Ich muß arbeiten. Verschwinde!"

„Kommst du?"

„Nein."

„Schade, alle Männer tanzen mit."

„Auch das noch."

„Kannst du nicht tanzen?"

„Verschwinde!"

Opferfest. Ein Schauer läuft mir über den Rücken. Einige Male habe ich mitgetanzt. Unheimlich war es. Nein, ich gehe nicht. Ich stemme weiter Steine den Berg hinauf. Das ist eine klare Sache.

Am übernächsten Tag geht Sisyphos ins Dorf, um einzukaufen. Das Fest hat er vergessen. Das ganze Dorf ist in Bewegung. Es sind viele Leute aus den Nachbarorten da. Alle sind fröhlich. Nur Sisyphos ist verbissen wie immer. Der Händler ist nicht da. So ein Fest bringt alles durcheinander. Sisyphos will zurück. Das Gedränge ist groß. Er kommt kaum durch.

„Sisyphos."

„Ich will bei dir einkaufen."

„Gleich geht der Tanz los."

Der Händler nimmt Sisyphos einfach mit. Sisyphos ist so überrascht, daß er sich nicht wehrt. Er steht mitten in der Reihe der Männer, links neben ihm der Händler. Der Tanz beginnt. Sisyphos bleibt gar nichts anderes übrig, als mitzumachen. Er hat den Tanz lange nicht getanzt. Er stolpert mehr, als daß er tanzt. Seine Nachbarn halten ihn, er kommt nicht los.

Der Tanz wird lebhafter. Sisyphos gerät außer Atem. Das darf nicht wahr sein. Wie gut, daß der Händler nichts merkt. Der Tanz wird ruhig. Die Tänzer warten. In der Mitte des weiten Kreises steht der Stier, schwarzes Fell, bunt geschmückt, unsicher, aggressiv. Sisyphos wird schwindelig. Der ungewohnte Tanz, die heiße Sonne, die seltsamen Gerüche, die vielen Menschen. Er fällt.

Seine Nachbarn bringen ihn in den Schatten eines Baumes. Hier, nimm und trink. Allmählich wird ihm klarer. Das Kreisen beruhigt sich.

Sisyphos bleibt unter dem Baum sitzen. Er sieht den Leuten

zu. Ich habe heute noch keinen Stein nach oben gewälzt. Hoffentlich merkt Zeus es nicht.

Ab und zu bietet man ihm zu essen oder zu trinken an. Stets lehnt er ab. Jetzt kommt der Händler.

„Nimm dieses Stück Fleisch. Es ist vom Opferstier und wird dich stärken."

Widerwillig nimmt Sisyphos es. Er schämt sich vor dem Händler, weil er hier hilflos und schwach sitzt. Eigentlich will er das Fleischstück wegwerfen. Schnell schlingt er es hinunter und steht auf. Die Beine zittern leicht. Er drängt sich durch die Menge. Endlich alleine. Nun geht es schneller. Eine Weile vor Sonnenuntergang ist er bei seiner Hütte. Rasch an die Arbeit. Er läuft zu dem Stein, den er bereits ausgesucht hat. Hastig fängt er an, damit nicht der ganze Tag vertrödelt ist. Morgen bringe ich diesen und noch einen Stein nach oben. Dann ist mein Soll erfüllt, und Zeus kann mir keine Vorwürfe machen.

Als es dunkel wird, hat er ein gutes Stück geschafft.

Früh am Morgen setzt Sisyphos die Arbeit fort, mittags ist der Stein oben.

„Du lungerst schon wieder hier herum!"

„Ich habe Blut von dem Stier in deinem Garten versprengt. Dann wachsen dort schöne Blumen und Früchte."

„Was soll der Quatsch?"

„Alle Leute im Dorf machen es so."

„Verschwinde."

„Hast du schon wieder einen Stein auf den Berg gerollt?"

„Natürlich!"

„Warum tust du das?"

„Das verstehst du nicht."

„Großvater sagt, früher wäre kein Stier, sondern der schönste Mann des Dorfes geopfert worden."

„Das ist lange her."

„Der schönste und der stärkste Mann des Dorfes."

„Ja, der Mann der obersten Priesterin."

„Er soll sich darauf gefreut haben und ganz stolz gewesen sein. Bunt geschmückt wie der Stier gestern."

„Ich muß sofort an die Arbeit. Los, geh nach Hause."

„Du bist auch schön und stark."

Endlich ist er weg. Er hält mich ständig auf. Der nächste Stein soll heute abend oben sein. Diese verdammten Rückenschmerzen sollen verschwinden. Doch sie werden laufend schlimmer. Aber ich lasse mich nicht unterkriegen. Arbeit ist die beste Medizin.

Diesmal fällt es Sisyphos schwerer als sonst. Einige Male entgleitet ihm der Stein und rollt ein Stück bergab. Er ist müde und unkonzentriert. Er zwingt sich zum Weiterarbeiten. Als es dunkel wird, ist der Gipfel noch weit. Sisyphos setzt sich. Was ist los? Ich hätte nicht zum Fest gehen sollen.

„Sisyphos, auf an die Arbeit!"

„Morgen werde ich diesen Stein ganz nach oben bringen und den nächsten dazu."

„Warum nicht heute? Du hast getrödelt."

„Ich war beim Fest."

„Du sollst nicht feiern. Du sollst arbeiten."

„Aber es ist dein Fest, Zeus."

„Los! Noch heute soll der Stein oben sein."

„Es ist schon dunkel."

„Faule Ausrede."

„Ich bin müde."

„Arbeite dich wach."

Mühsam rafft Sisyphos sich auf. Es ist nur wenig zu sehen. Der Stein ist schwerer als sonst. Er kann ihn kaum halten. Bis zum Gipfel ist es weit.

Ich schaffe es heute nicht mehr.

„Weiterarbeiten!"

Wenn wenigstens der Mond scheinen würde. Ich höre besser auf. Sonst rollt der Stein den Berg hinunter, und die ganze Arbeit war umsonst.

„Los, weiter. Noch heute soll der Stein oben sein."

„Es geht nicht mehr. Es ist zu dunkel."

„Du siehst genug."

„Ich schaffe es nicht mehr."

„Noch heute soll der Stein oben sein. Sonst, Sisyphos, lasse ich alle Steine den Berg hinabrollen."

Widerwillig steht Sisyphos auf. So müde war er früher nie. Der Mond geht auf. Bis zum Gipfel wird es mindestens zwei Stunden Arbeit sein. Der Stein wird schwerer. Der Stein rutscht ihm weg. Zum Glück bleibt er gleich liegen. Das lasse ich mir nicht gefallen. Ich bin stärker als du. Eine Schande wäre es, wenn ich dich heute nicht nach oben brächte.

Sisyphos schafft es tatsächlich. Nach knapp vier Stunden ist der Stein oben. Der Mond erhellt den Berg. Sisyphos setzt sich.

Die Sonne steht hoch am Himmel. Zwischen den Steinen liegend wacht Sisyphos auf. Seine Muskeln schmerzen. Ich hätte nicht einschlafen dürfen.

Nach einem hastigen Frühstück beginnt Sisyphos mit dem nächsten Stein. Seine Beine sind steif. Die Arme können den Stein kaum bewegen. Ich muß weiterarbeiten. Heute abend muß der Stein oben sein. Ich werde es schaffen. Ich bin kein Versager.

Am Abend ist der Stein tatsächlich oben. Sisyphos ist stolz. Ich lasse mich nicht unterkriegen. Heute morgen hätte ich am liebsten einen Tag Pause gemacht. Aber ich habe meine Trägheit überwunden, habe es wieder geschafft.

Am nächsten Tag geht die Arbeit leichter von der Hand. Lange vor Sonnenuntergang ist der Stein oben.

Nahe der Hütte ist der Junge.

„Du, guck mal."

„Was?"

„Sieh doch."

„Wo?"

„Das Tier da."

„Ach die Heuschrecke."

„Die macht so komische Bewegungen."

„Es sind zwei Fangheuschrecken. Schau genau hin."

„Tatsächlich, eine kleine sitzt auf der großen, wie unser Esel manchmal auf der Eselin."

„Genauso."

„Guck mal, die große beißt nach dem kleinen."

„Das sieht nur so aus."

„Lauf weg, kleine Heuschrecke. Lauf, bevor es zu spät ist."

„Der kleine hält die große fest umklammert. Er will und kann nicht davonlaufen."

„Jetzt hat sie ihm den Kopf abgebissen."

„Er macht trotzdem weiter."

„Und sie frißt ihn weiter. Bissen um Bissen."

„Er ist halb gefressen und bewegt sich immer noch."

„Jetzt beißt sie wieder."

„Jetzt ist es aus."

„Wärst du lieber weggelaufen."

„Dann würdest du noch leben."

„Hast du so etwas schon einmal gesehen, Sisyphos?"

„Nein, jetzt zum ersten Mal."

„Wie heißt das Tier?"

„Gottesanbeterin."

„Frißt sie immer ihre Männchen auf beim Lieben?"

„Nur die Schwächlinge."

Berufung

Am nächsten Morgen wacht Sisyphos mit starken Rückenschmerzen auf. Ich lasse mich nicht unterkriegen.

Der Stein ist mächtig schwer. Vorwärts, Fels!

Kurz nach Sonnenuntergang ist er oben. Sisyphos hat ohne Pause gearbeitet.

„Meine Anerkennung, Sisyphos."

„Es war Routine."

„Es war dein schwerster Stein bisher. Unten im Tal liegen noch Tausende. Wenn genug oben sind, sollst du hier einen Tempel für mich bauen lassen."

„Ich schaffe es, Hera."

„Ich vertraue auf dich. Dein Name wird in den Tempel eingemeißelt werden."

„Ich werde mein Bestes geben."

„Selbstverständlich, Sisyphos."

Zu dumm, daß es gleich dunkel wird. Sonst könnte ich sofort mit dem nächsten Stein beginnen.

Bei seiner verfallenen Hütte ißt Sisyphos wie gewohnt schnell und hastig.

Hera wartet ungeduldig, daß ihr Tempel fertig wird. Noch sind zu wenige Steine oben. Ich werde mich tüchtig anstrengen müssen, damit der Bau des Tempels bald beginnen kann. Ein Tempel ist ein lohnendes Ziel, ein Tempel für Hera, für die oberste Göttin, meine Himmelskönigin. Morgen werde ich zwei Steine für sie auf den Berg stemmen. Mittags wird der erste oben sein, abends der zweite.

Am nächsten Morgen sind die Rückenschmerzen wieder da. Sisyphos achtet nicht auf sie. Er denkt nur an den Tempel. Der erste Stein ist am frühen Nachmittag oben. Eilig beginnt Sisyphos mit dem nächsten Stein.

Bei Sonnenuntergang ist die Hälfte geschafft. Hoffentlich wird Hera nicht traurig, wenn sie so lange auf ihren Tempel warten muß. Sisyphos schuftet, bis es stockdunkel ist. Dann hört er auf. Er geht langsam und müde zu seiner Hütte. Mühsam sucht er nach Wasser und Essen. Ich muß mir vom Jungen neues Öl für meine Lampen bringen lassen, im Finstern essen ist schwierig. Ja, das ist die Idee. Der Junge soll mit den Öllampen leuchten, wenn ich abends Steine bergauf stemme. So werde ich jeden Tag zwei Steine schaffen. Hera wird sich freuen, meinen Eifer und Einsatz loben.

Kurz nach Sonnenaufgang fängt Sisyphos eilig mit der Arbeit an. Mittags ist der Stein oben. Drückend heiß brennt die Sonne.

„Diese Stelle eignet sich für eine Zisterne, Sisyphos."

„Reg mich nicht auf."

„Du könntest eine Zisterne gut gebrauchen."

„Ich brauche Öllampen und neues Öl. Einen großen Krug voll, gleich morgen."

„Morgen habe ich keine Zeit."

„Dann schicke einen anderen Jungen."

„Die haben alle Angst vor dir."

„Dann mußt du kommen, gleich heute abend. Du sollst mir leuchten, damit ich länger arbeiten kann. Zwei Steine müssen jeden Tag auf den Berg."

„Sisyphos?"

„Zwei Steine, Junge. Hörst du! Zwei große Steine jeden Tag!"

„Ein böser Geist . . ."

„Kein böser Geist, Junge. Hera selbst will einen Tempel oben auf dem Berg. Mit meinen Steinen."

„Ich muß Ziegen hüten. Ich kann nicht öfter kommen."

„Hüte deine Ziegen hier."

„Vor vielen Jahren fanden die Ziegen hier genug zu fressen. Jetzt ist der Berg verbrannt. Die Ziegen können nichts mehr finden."

„Ich brauche Öl so schnell wie möglich, geh heim und schicke einen anderen."

„Sisyphos, ich will dich etwas fragen."

„Geh, ich muß arbeiten."

Sisyphos läßt den Jungen stehen und fängt mit dem nächsten Stein an. Heute abend soll er oben sein. Mit den Öllampen werde ich genug sehen. Hera soll zufrieden mit mir sein. Mit meiner Kraft, meinem Einfallsreichtum, meinem Einsatz für ihren Tempel. Ich will mich ihrer würdig zeigen. Zwei Steine jeden Tag für ihren Tempel, für meine große Göttin Hera.

Allmählich wird es dunkel. Gleich wird der Junge mit den Öllampen kommen. Dann habe ich den Stein in einer guten Stunde oben.

Mistkerl. Ich habe dir gesagt, daß du unbedingt kommen sollst. Mit mir kann er das nicht machen. Das lasse ich mir nicht bieten. Sisyphos ist wütend. Der Junge kommt nicht. Heute abend nicht und auch den nächsten und übernächsten Tag nicht. Sisyphos arbeitet zornig weiter.

Zwei Steine am Tag ist unmöglich, denn es wird abends so schnell dunkel. Drei Steine in zwei Tagen, das müßte gehen. Wenigstens etwas, aber jeden Tag zwei Steine wäre besser. Wenn heute mittag der Junge kommt, werde ich ihm die Flausen austreiben. Er muß lernen, was richtige Arbeit ist.

Mittags geht Sisyphos bei seiner Hütte vorbei. Der Junge ist nicht da. Auch abends ist er nicht da, hat nicht einmal neues Wasser gebracht. Sisyphos ist wütend und durstig.

Der Händler hat zum letzten Mal Geld an mir verdient. Morgen früh gehe ich sofort ins Dorf und werde ihm den Kopf waschen. Was für einen unzuverlässigen Lausejungen er hat. Nur dumme Gedanken im Kopf. Eine Zisterne soll ich bauen. Der spinnt wohl. Wasser und Nahrungsmittel soll er mir bringen und Öl für die Lampen. Zuverlässig soll er sein. Dafür zahle ich ihm gutes Geld. Das ist jetzt aus. Ich lasse mir ab sofort Wasser und Essen von einem anderen bringen.

Wütend wacht Sisyphos am Morgen auf. Seine Kehle ist trocken. Gleich werden der Händler und sein Früchtchen ihre Sünden zu hören kriegen, daß sie nicht wissen, wo ihnen der Kopf steht.

Sisyphos stolpert. Da liegt das Zeug. Dieser Lump hat die Wasserschläuche einfach hingelegt und sich schnell aus dem Staub gemacht. Er hat ein schlechtes Gewissen. Das Essen ist auch da, Öllampen und ein Krug mit Öl.

Die Arbeit geht gut voran. Der Ärger auf den Jungen beflügelt. Er hat sich nicht getraut, mich ganz im Stich zu lassen. Angst hat er vor mir. Das ist gut so.

Kurz nach Mittag ist der erste Stein oben. Heute schaffe ich zwei Steine. Heute zum ersten Mal. Hera wird mich loben.

In der Abenddämmerung ist der zweite Stein oben. Sisyphos ist stolz. Zwei Steine an einem Tag. Er wartet auf Hera. Sie kommt nicht.

Am nächsten Tag schafft er wiederum zwei Steine nach oben, aber so leicht wie gestern ging es nicht. Heute wird sie kommen und mich loben.

Ein neuer Tag, zwei weitere Steine. Es wird dunkel, der zweite Stein ist noch nicht oben. Gestern und vorgestern ging es so gut. Jetzt brauche ich die Öllampen. Wo steckt der Junge?

Sisyphos geht zu seiner Hütte, nimmt einige Öllampen und

einen Krug voll Öl. Der wird lange reichen. Ich werde die Öllampen neben den Weg stellen. Dann sehe ich genug.

Beim Stein angekommen stellt Sisyphos die Lampen auf, füllt sie mit Öl, will sie entzünden. Mist, ich habe das Feuer vergessen. Nur der Junge ist schuld. Der kann was erleben. Morgen werde ich das Feuer nicht vergessen. Mittags, wenn die Sonne scheint, werde ich mit meinem Brennspiegel eine Öllampe entzünden. Dann habe ich abends Feuer und genug Licht. So eine Dummheit wird mir kein zweites Mal passieren. Gleichwohl werde ich den Stein noch ein Stück bergauf rollen. Der Tempel drängt.

Sisyphos wuchtet den Stein weiter hoch. Es ist fast nichts zu sehen. Ein letzter kräftiger Stoß für heute. Es poltert.

Dieser Mistkerl von Junge. Nur wegen ihm ist das passiert. Er ist schuld. Wenn dieser Lausebengel geleuchtet hätte, wäre der Stein nicht weggerollt.

Ruhm der Hera

Am nächsten Tag wuchtet Sisyphos den entwischten Stein nach oben. Mittags ist es geschafft. Rasch zum nächsten Stein. Fast hätte er die Öllampen in der Eile vergessen. So, die brennt, die zweite ebenfalls. Sicher ist sicher.

Der Stein ist eigenwillig. Bei Einbruch der Dunkelheit hat Sisyphos ihn noch nicht oben.

Sisyphos geht zu den Öllampen. Sie brennen ruhig vor sich hin. Er stellt alle Lampen entlang des Weges auf und zündet sie an. Sehr hell leuchten sie nicht.

Nach eine Weile konzentrierter Arbeit hört Sisyphos ein höhnisches Lachen.

„Leuchtest du den Fledermäusen?"

„Verschwinde, frecher Fremdling."

„Langsam, du Narr."

„Verschwinde."

„Es ist eine trockene Gegend. Wo ist Wein und Wasser?"

„Hier gibt es nur Steine."

„Los, ich habe Durst."

„Erst will ich diesen Stein auf den Gipfel stemmen."

„Du bist verrückt."

„Schweig und warte."

Sisyphos stemmt den Stein weiter. Der Fremde ist ungeduldig.

„Meine heutige Arbeit ist geschafft."

„Du hast eine sonderbare Arbeit."

„Ich baue einen Tempel für Hera."

„Ich warne dich."

„Sie will es."

„Ich bin Hera-kles, Heras Held zu ihrem Ruhm. Ich dulde niemand neben mir."

„Wage es nicht, mich zu stören."

„Da ist meine Hütte."

„Wo bleibt das Wasser und der Wein?"

„Dieser unzuverlässige Bursche war nicht da. Ich kann dir nichts geben."

„Ich habe Durst und Hunger."

„Geh zum Dorf. In diese Richtung."

Endlich ist er weg. Sollte er wirklich Herakles gewesen sein? Das Löwenfell sah echt aus. Er gab so schnell klein bei. Er war bestimmt nicht Herakles. Der läuft nicht alleine nachts im Gebirge herum. Ab und zu soll er den Verstand verlieren, sagt man. Vielleicht war er es doch.

Wenn dieser dumme Junge mir bloß zu trinken und zu essen gebracht hätte. Verflucht.

Sisyphos stolpert und fällt.

Verdammter Stein, was liegst du da im Weg!

Am nächsten Morgen ist die linke Hand stark geschwollen. Jede Bewegung schmerzt. Ich muß arbeiten.

„Sisyphos, rate, wer heute nacht im Dorf war."

„Wo warst du gestern? Es ist kein Wasser und kein Essen hier."

„Da liegt es doch."

„Warum versteckst du es jedesmal an einem anderen Platz!"

„Wer war im Dorf heut nacht?"

„Ein rüpelhafter Landstreicher."

„Ein Held war's."

„Ich weiß, der große Herakles."

„Woher weißt du das?"

„Ich verjagte ihn von meinem Berg."

„War es wirklich Herakles?"

„Nein, bestimmt nicht."

„Er war so abgerissen, hungrig, heimatlos. Wie der Hund, der uns vor Jahren zulief."

„Wo ist er jetzt?"

„Er ließ sich zu essen und zu trinken geben und ging im Morgendämmern weiter. Er trug ein Löwenfell und eine große Keule."

„Er gibt nur an, damit jeder ihn für Herakles hält und alle Angst vor ihm haben."

„Als er ging, sah ich ihm nach."

„Deine linke Hand ist geschwollen, Sisyphos. Tut sie weh?"

„Nur etwas."

„Kannst du sie bewegen?"

„Es geht."

„So kannst du keine Steine stemmen."

„Ich muß arbeiten."

„Als mein Bruder sich die Hand gebrochen hatte, sah es ähnlich aus."

„Meine Hand ist leicht geschwollen. Das geht schnell weg."

„Ich glaube, sie ist gebrochen."

„Nichts ist gebrochen. Sieh."

„Halt. Zu spät. Der eine Finger hängt ganz schief."

„Verdammter Mist."

„Das hättest du nicht probieren sollen. Komm mit ins Dorf zu meiner Tante Ganieda. Sie kann dir helfen."

„Das ist unnötig."

„Dein Finger muß geschient werden, damit er richtig zusammenwächst."

„Ich muß Steine auf den Berg wälzen für Heras neuen Tempel. Das duldet keinen Aufschub."

„Mit gebrochenem Finger kannst du nicht gut arbeiten."

„Wer sagt denn, daß der Finger gebrochen ist!"

„Er ist so schief."

„Ich habe eine Aufgabe, die ich erfüllen muß. Hera soll nicht warten, nur weil mein Finger etwas verletzt ist."

„Kommm mit zu Tante Ganieda."

„Halte mich nicht auf. Ich muß an meine Arbeit."

Musaios sieht Sisyphos traurig an. Starker Sisyphos, du bist genauso arm und ruhelos wie der fremde Mann.

Sisyphos macht sich ans Werk. Das wäre doch gelacht, wenn mich das bißchen Schmerz im Finger von meiner Arbeit abhält. Diesen Stein werde ich nehmen, der wird bald oben sein. Und ein zweiter dazu.

Die Arbeit ist mühsamer als sonst. Er kommt nur langsam voran. Die geschwollene Hand hat wenig Kraft. Der Finger schmerzt. Als der Stein halb oben ist, macht Sisyphos eine Pause. Der linke Mittelfinger hängt schief, die Hand ist blutunterlaufen.

An dem Sturz gestern ist dieser Angeber schuld. Ohne den wäre das nicht passiert. Deshalb wird Heras neuer Tempel zu spät fertig. Das darf nicht wahr werden. Ich arbeite sofort weiter. Dieser Stein soll heute nach oben, und mit dem nächsten werde ich anfangen.

Sisyphos beißt die Zähne zusammen. Die linke Hand ist ziemlich kraftlos. Die Arbeit wird qualvoll. Trotzdem geht es Stück für Stück voran.

Bald muß Sisyphos erneut eine Pause einlegen. Nach ein paar Augenblicken will er weiterarbeiten. Vergeblich. Der Stein bleibt ungerührt liegen.

Verfluchter Stein, willst du dich wohl bewegen.

Er will nicht. Hoffentlich sieht Hera nicht, wie meine Kraft versagt. Nein, sie darf nicht versagen. Heute noch soll der Stein oben sein. Wenn meine linke Hand nichts taugt, werde ich stärker mit der linken Schulter schieben und mit der rechten Hand halten und steuern.

Es geht tatsächlich. Der Stein bewegt sich. Ein paar Male droht er zu entgleiten. Sisyphos kann ihn kaum halten.

Ich will den Stein heute abend oben haben. Hera soll zufrieden mit mir sein.

Langsam geht es bergauf, trotz der verletzten linken Hand. Am Abend ist der Stein endlich oben.

Zufrieden geht Sisyphos zu seiner Hütte. Es ist zwar nur ein Stein heute geschafft, aber jeder andere hätte nicht gearbeitet und seine Hand gepflegt. Nachts kann Sisyphos die linke Hand nicht bewegen. Sie schmerzt stark. Er schläft kaum. In ein paar Tagen wird es besser sein.

Es wird nicht besser. Hartnäckig schafft er täglich einen Stein nach oben. Die Hand wird schlimmer.

„Sisyphos, dein Finger ist ganz schwarz. Komm mit zu meiner Tante."

„Ich habe keine Zeit."

„Wenn deine Hand stirbt?"

„Rede nicht so einen Quatsch!"

„Komm mit zu meiner Tante. Sie wird dir helfen."

„Die kann mir überhaupt nicht helfen."

„Wenn deine Hand wieder gesund ist, kannst du viel besser arbeiten."

„Das kann schon sein."

„Komm mit, Sisyphos. Der Finger sieht bös schwarz aus."

„Schick deine Tante her."

„Du mußt zu ihr gehen."

Widerstrebend geht Sisyphos mit dem Jungen zum Dorf.

Ganieda sieht die Hand an, bewegt sie vorsichtig.

„Dein Finger ist vor ein paar Tagen gebrochen."

„Ich bin etwas ausgerutscht."

„Du hättest gleich kommen sollen."

„Meine Arbeit duldet keine Unterbrechung."

„Ich werde dir jetzt weh tun, um den gebrochenen Finger in die richtige Lage zu bringen. Dann werde ich heilende Erde um deine Hand streichen und einige Binden. Halte die Hand ganz still."

„Wann kann ich wieder arbeiten?"

„Übermorgen werde ich den Verband abnehmen, um nachzusehen. Wenn es gut geht, wird deine Hand in ein paar Wochen gesund sein. Vielleicht muß dein Mittelfinger amputiert werden. Er sieht sehr schlimm aus."

„Hauptsache, ich kann schnell wieder arbeiten, ob mit oder ohne Finger."

„Du wirst ein paar Wochen nicht arbeiten können."

„Ich muß Steine auf den Berg rollen."

„Sei vernünftig."

Ganieda streicht Erde um seine Hand, richtet den gebrochenen Finger. Sisyphos beißt die Zähne zusammen. Nur nicht mich blamieren. Sie streicht weitere Erde um die Hand, wickelt sie mit Binden ein.

„Du warst sehr tapfer, Sisyphos. Jetzt halte die Hand ganz ruhig. Am besten bleibst du still sitzen, bis der Verband fest ist."

Die Hand schmerzt stark. Sisyphos kann keinen klaren Gedanken fassen. Musaios kommt wieder.

„Sisyphos, du siehst müde und bleich aus."

„Ich bin nicht müde. Morgen werde ich weiterarbeiten."

„Erst muß deine Hand heil werden."

„Der Tempel ist wichtiger."

„Wenn du nicht wartest, bis deine Hand gesund ist, wirst du den Tempel nie fertig bekommen."

„Hera ist ungeduldig."

„Sie wird einsehen, daß zuerst deine Hand gesund werden muß."

„Hera ist streng und kann sehr wütend werden."

„Wenn meine Mutter auf mich wütend ist und schlimm schimpft, dann laufe ich weg und komme erst wieder, wenn sie sich beruhigt hat."

„Vor Hera kann man nicht weglaufen."

„Hast du es schon versucht?"

„Jeder Versuch ist hoffnungslos und ärgert sie."

„Ich glaube, du traust dich nicht."

„Ich will nicht vor ihr weglaufen."

„Du hast Angst vor ihr."

„Ich will sie nicht enttäuschen."

„Tut deine Hand sehr weh?"

„Nicht der Rede wert. Ein Mann hält das aus."

„Jaja, Spartaner weinen nicht."

„Spartaner sind richtige Männer. Sie siegen oder sterben."

„Ich glaube, der Herakles weint auch nicht."

„Meinst du den Kerl von neulich."

„Ja, den. Der ist genauso versteinert wie du."

„Richtige Männer müssen hart sein wie Steine."

„So ein Mann will ich nicht werden, so ein Mann wie du oder der Herakles."

„Du mußt."

„Warum, Sisyphos?"

„Alle Frauen verachten die weichen Männer."

„Ich gehe jetzt zu meinen Ziegen, die haben Durst und brauchen Wasser."

Ich halte dieses Herumsitzen nicht aus. Morgen werde ich weiterarbeiten. Hoffentlich ist der Verband fest genug, damit er durchhält. Der Tempel muß zügig fertig werden.

„Wie geht es, Sisyphos?"

„Gut, Frau, morgen werde ich wieder arbeiten."

„Du bist leichtsinnig. Es ist besser, du arbeitest eine Zeitlang nicht, sondern bist vorsichtig und wartest, bis deine Hand geheilt ist."

„Ich muß möglichst schnell weiterarbeiten."

„Was arbeitest du eigentlich?"

„Weißt du das nicht? Ich baue für Hera einen Tempel oben auf dem Berg. Jeden Tag stemme ich große Steine hinauf. Wenn genug oben sind, wird daraus der Tempel gebaut, der größte und prächtigste Tempel der Welt zu Heras Ruhm."

„Hera hat schon viele Tempel."

„Sie ist nicht zufrieden mit ihren Tempeln. Sie will einen neuen haben, einen Tempel von mir, mit den Steinen, die ich bergauf rolle. Sie hat es mir selbst gesagt."

„Vielleicht war es ein Traum?"

„Beleidige Hera nicht!"

„Du bist sehr stark, Sisyphos."

„Sonst hätte Hera mich nicht erwählt."

„Wozu hat sie dich erwählt?"

„Zum Tempelbauen natürlich."

„Sonst nichts?"

„Das ist genug."

„Könnte ja sein. Auf jeden Fall mußt du jetzt ein paar Wochen Pause machen, bis deine Hand geheilt ist."

„Das ist zu lange."

„Vielleicht heilt sie schneller."

„Meine Hand muß schneller heilen."

„Gewiß. Du kannst jetzt gehen. Komm übermorgen wieder. Dann sehe ich nach und mache einen neuen."

„Den brauche ich bestimmt nicht mehr."
„Wir werden sehen."

Sisyphos steht auf, geht beim Händler vorbei, um einzukaufen und danach zurück zu seiner Hütte. Endlich ist er alleine. Er kann nur langsam gehen, der Schmerz bleibt.

Wollte die Frau ihn verspotten? Es ist schlimm, auf sie angewiesen zu sein. Die Hand heilt bestimmt schneller. Dann braucht er die Frau nicht mehr, und der Tempel wird rechtzeitig fertig.

Nacht

Endlich erreicht Sisyphos seine Hütte. Er ist müde. Die Hand schmerzt. Er fällt auf sein Lager.

Wochen soll es dauern, bis meine Hand geheilt ist. So lange soll ich nicht arbeiten. Das geht nicht. Ich darf Hera nicht enttäuschen. Sie hat mich erwählt. Ich muß mich bewähren. Ich muß zeigen, daß sie sich uneingeschränkt auf mich verlassen kann. Sonst wählt sie einen anderen, ihren Tempel zu bauen. Vielleicht diesen Herakles. Der gibt bestimmt nie auf. Der schuftet Tag und Nacht für sie. Er trägt sogar ihren Namen. Ich will mich nicht von ihm verdrängen lassen. Warum kam er hier vorbei? Er hat hier nichts zu suchen. Der soll sich nicht noch einmal hier blicken lassen. Dann schlage ich ihm den Schädel ein. Ich rolle jahrelang Steine den Berg hinauf, und er kommt frech vorbei und baut den Tempel fertig. Das könnte ihm so passen. Vielleicht lachte er deshalb so falsch. Er hat mir bestimmt den Stein in den Weg gelegt. Dieser Feigling hätte in einem ehrlichen Kampf keine Chance.

Du Möchtegern-Herakles, ich habe dich durchschaut. Wehe, du kommst ein zweites Mal. Ein paar Steine lege ich mir bereit, dann kannst du ruhig mit deiner Keule kommen. Dein Löwenfell schützt dich nicht. Meine Steine zerschmettern dich.

Sicherheitshalber werde ich mir eine Keule zulegen. Und einen starken, scharfen Dolch. Vielleicht bemerke ich ihn erst, wenn er schon ganz nah ist.

Verfluchte Hand, gib endlich Ruhe. Zwei schwere Steine kommen morgen auf den Berg. Hera soll zufrieden sein.

Meine Hand brennt. Da läuft der verdammte Skorpion. Mist, er ist entkommen. Aber nicht lange. Braten werde ich ihn in einem prächtigen Feuer. Der ganze Berg soll brennen. Da ist der Brennspiegel. Es qualmt und knistert. Der erste Busch brennt, jetzt der zweite, der dritte. So ein Feuer hat es noch nie gegeben.

Ich schreite zum Gipfel des Berges, werde das Feuer betrachten, werde mir ansehen, wie du verbrennst, arglistiger Skorpion. Mein Zorn gibt mir Flügel. Schon bin ich oben. Ich hätte einen Stein mitnehmen können. Ich genieße das Feuer. Der Berg ist mein Lichtmeer. Ich habe es entfacht. Es lodert und prasselt und erleuchtet die Nacht. Mein Feuer zu Heras Ruhm. Es kommt näher, mein Feuer, mein prächtiges Feuer. Komm. Komm ganz nah, verbrenne die Skorpione, nimm mir meine Schmerzen.

Es ist alles dunkel. Kein Flammenmeer. Nur die Hand brodelt.

Das Gestrüpp ist so groß. Der Thymian duftet, der Lavendel. Gut riecht es, sehr verführerisch. Ich suche schon den ganzen Tag. Ich finde sie nicht. Doch halt, dort ist sie und wartet. Tatsächlich. Sie ist es wirklich. Gleich bin ich bei ihr. Das Ziel meiner Sehnsucht. Da ist sie, groß und schön, unheimlich stark. Sie sieht mich an, lockt mit den Augen, winkt mit den Armen. Ich will sie. Sie läuft nicht davon. Jetzt bin ich ganz nah. Ich sitze auf ihrem Rücken. Sie öffnet sich. Nach langem Suchen und Umherirren endlich zu Hause. Tief in ihr, sicher und warm. Nichts Böses kann passieren. Ich werde wahnsinnig vor Freude. Endlich zu Hause. Hier bleibe ich. Hier bleibe ich für immer. Sie streichelt meinen Kopf. Sanft ist sie zu mir, lieb und vertraut. Darauf wartete ich so lange schon. Jetzt bin ich da. Es wird ewig so bleiben. Sie streichelt mich sacht. Sie liebt mich. Sie nimmt meinen Kopf zwischen ihre Arme. Das ist schön. Das brauche ich. Das ist wunderschön. Sie küßt meinen Nacken, einmal, zweimal. Ich werde rasend lebendig. Sie nimmt meinen Kopf. Ich brauche ihn nicht mehr. Ich bin zu Hause. Sie liebkost mich.

Mehr. Mehr.

Ich falle erschöpft von ihrem Rücken, bin erlöst. Sie dreht sich langsam um, genießerisch, nimmt den Rest von mir zärtlich zwischen ihre Fangbeine. Sie küßt mich, frißt mich, küßt mich. Sie frißt, bis nichts mehr von mir übrig ist. Nur da drin, tief in ihr, da lebe ich weiter, da bin zu Hause für immer.

Verdammte Hand, gib Ruhe. Ich will diese Schmerzen nicht länger ertragen. Ich will ein Zuhause. Ich will dich lieben, lieben, lieben, zart und sanft, heftig und rasend, lieben bis in den Tod. Nie wieder frierend allein in der kalten Welt.

Hera, ich brauche dich. Sorge für mich.

Sie ist nicht da.

Ich bin ihrer nicht wert. Ich bin überhaupt nichts wert.

Ich werde ihren Tempel bauen. Dort auf sie warten.

Ich lebe nur für sie.

Ohne sie bin ich nichts.

Beiß nur, friß nur, aber laß mich hinein.

Meine Hand ist heil. Morgen werde ich arbeiten. Werde ihren Tempel bauen. Dann wird sie kommen, ganz gewiß.

Heute ist mein Tag. Du hast mich erwählt, Hera, zu deinem Heros. Ich bin dein Liebling. Von dir erwählt aus vielen. Ich bin besser als sie, die Namenlosen ohne Wert. Sie werden alt werden und gebrechlich. Ich aber bleibe jung und stark.

Gleich werde ich hinübergehen. Werde wiedergeboren durch dich, große Mutter Hera. Du wirst mich umsorgen als deinen neuen Sohn. Ich bin dein Heros, dein Auserwählter. Ich war ausgestoßen und verlassen, ohne Sinn und Wert. Du hast mich erwählt, in deinen prächtigen Palast gerufen.

Deine Doppelaxt blinkt.

Verfluchte Hand, fremde Träume.
Ich habe eisige Angst.

Es ist hell geworden. Zwei Steine sollen auf den Berg.

Dämmerung

Diesen Stein nehme ich. Heute mittag wird er oben sein.

Der Traum von Hera. Von ihr auserwählt zu sein.

Stein, du mußt den Berg hinauf. Da staunst du, das hast du nie zu hoffen gewagt. Du bist träge und unbeweglich, dumpf und starr. Gleich mache ich dir Beine. Du wirst wie von alleine den Berg hinauflaufen. Meine Kraft wird dich treiben, mein unbeugsamer Wille. Du wirst keine Ruhe bekommen, bevor du oben auf dem Gipfel bist. Dort, wo ich dich hin haben will. Dort wirst du warten, bis der Tempelbau beginnt.

Vielleicht wirst du ein Stein im Fundament. Du lebst in der Finsternis und trägst den Tempel. Ohne dich bricht er zusammen.

Oder du wirst behauen und poliert, bis du schön bist, schön genug für einen Platz in einer Säule. Alle bewundern dich, du vergißt deinen Schmerz beim Behauen, deine Gänsehaut beim Polieren, das grausige Zischen.

Oder du wirst ein Stein im Giebel, Steinmetze graben eine Geschichte in dich ein. Eine Geschichte, die dir weh tut. Oben im Giebel sind die Schmerzen vergangen. Du siehst weit ins Land. Die Menschen betrachten dich, versuchen deine Geschichte zu ergründen, gehen achtlos vorbei. Du siehst weit ins Land, auf das Meer, in den Himmel. Irgendwer wird deine Geschichte ahnen, deine Leiden mitleiden, deine Traurigkeit spüren, oder auch nicht.

Ich vergesse mich. Rasch an die Arbeit. Meine linke Hand werde ich schonen. Mit der linken Schulter und der rechten Hand, mit meinem ganzen Körper werde ich dich nach oben zwingen. Eine kleine Verletzung wirft mich nicht um.

Halb oben habe ich dich.

Die linke Hand schmerzt. Ich beachte sie nicht. Am besten nehme ich den Verband ab, der stört sowieso. Nein, ich lasse ihn dran. Sonst bekomme ich Ärger mit der Frau. Es geht auch mit Verband. So sehe ich meine kaputte Hand nicht. Schlimm sah sie gestern morgen aus. Das will ich nicht sehen.

Wie ich aussähe, wenn der Stein über mich hinwegrollen würde? Zerquescht wie ein Käfer. Dumme Gedanken. Hinweg.

Los, Stein, setz dich in Bewegung. Warum muß ich dich bedrohen, damit du nicht träge liegenbleibst? Sei vernünftig. Du hast keine Wahl. Heute mittag bist du oben, an dem Platz, den ich für dich aussuche. Da kannst du warten, bis der Tempelbau beginnt. Großartige Gesellschaft hast du, viele tausend Steine. Die können dir ihre Pläne erzählen. Sie werden prahlen mit ihrer Größe, ihrer Härte, ihrem Gewicht.

Du mußt nicht schon wieder ausruhen, Stein. Los, weiter. Er will nicht. Nun, ich lasse dich verschnaufen und denke über meine Pläne nach. Prächtig und stolz soll der Tempel werden. Ein ewiges Feuer soll auf ihm brennen.

Auf, Stein, reiß dich zusammen. Erwache aus deiner Dumpfheit, stürme zum Gipfel.

Er will einfach nicht. Was ist mit dir los?

Muß ich dir erst einen Tritt geben, du träger Klotz?

Die Drohung hat geholfen. Weiter geht es. So gefällst du mir besser.

Geschafft. Oben sind wir, Bruder Stein. Wir beide, ich und du. Ich aus eigener Kraft und du mit meiner. Du bleibst hier und wartest. Ich werde dir neue Gesellschaft holen.

Die Sonne schwebt rot über dem Horizont.

Ich muß geschlafen haben. Mittags schon war ich oben mit dem ersten Stein, habe mich ein wenig gesetzt, um den

Tempelbau zu planen. Gleich geht die Sonne unter. Das hat mir gerade noch gefehlt, einen halben Tag einfach verschlafen.

„Sisyphos, was tust du?"

„Auch das noch."

„Sisyphos, was tust du???"

„Ich entwerfe Pläne für deinen Tempel."

„Lüge mich nicht an."

„Ich mache wirklich Pläne für deinen Tempel. Schau, hier soll . . ."

„Du hast den ganzen Nachmittag verschlafen, vertrödelt. So wird mein Tempel nie fertig."

„Morgen werde ich mich besonders anstrengen."

„Jeden Tag sollst du dich besonders anstrengen. Der Tempel muß fertig werden. Sei nicht faul und träge. Reiß dich zusammen."

Fort ist sie. Zum Glück. Sie war richtig zornig. Ich muß sie besänftigen. Morgen schaffe ich bestimmt zwei Steine, dann wird sie zufrieden sein. Und die nächsten Tage auch. Hunger habe ich und Durst. Wie geht es meiner Hand? Ich glaube, es geht ihr besser. Die Arbeit hat mir gutgetan. Mittags war ich hundemüde. Jetzt bin ich hellwach. Was ein kleiner Schlaf bewirkt. Vielleicht sollte ich jeden Mittag etwas schlafen. Dann geht die Arbeit leichter von der Hand.

Der Berg hat schön gebrannt letzte Nacht, prächtig war das Feuer anzusehen. Um ein Haar wäre ich mit verbrannt.

Wie traurig meine Hütte aussieht, so zerfallen. Bald ist der Tempel fertig, dann brauche ich die Hütte nicht mehr.

Der Verband an der linken Hand ist lästig. Hoffentlich heilt sie bald. Ob ich den Verband abnehme und nachsehe? Nein, ich warte bis morgen. Ins Dorf zur Frau gehe ich nicht. Den Verband kann ich selber abnehmen. Auf einen neuen verzichte ich. Es wird ohne gehen. Wenn ich morgen ins Dorf laufe, kostet das zuviel Zeit. Zwei Steine sollen auf den Berg. Das schaffe ich dann nicht. Zwei Steine sollen auf den Berg. Das habe ich Hera versprochen. Ich will und muß es unbedingt einhalten.

Die Hand schmerzt. Die Nacht vergeht traumlos.

Am Morgen ist nichts von der Hand zu spüren. Sisyphos will unmittelbar nach dem Essen den nächsten Stein in Angriff nehmen. Allmählich meldet sich der Schmerz wieder.

Ich sollte ins Dorf zur Tante des Jungen gehen, um den Verband wechseln zu lassen. Vielleicht wird die Hand nicht von alleine gesund. Nein, meine Hand kommt von alleine in Ordnung. Ich brauche die Frau und ihre Verbände, ihre Erde nicht. Ich fange gleich mit der Arbeit an. Hera wartet.

„Was willst du denn hier?"

„Wie geht es deiner Hand?"

„Nicht der Rede wert."

„Ich habe gestern gesehen, wie du gearbeitet hast."

„Natürlich habe ich gearbeitet."

„Das war bestimmt nicht gut."

„Hör auf, mir nachzuspionieren. Lausebengel."

„Kommst du mit ins Dorf, den Verband zu wechseln?"

„Nein, ich muß arbeiten."

„Tante Ganieda hat gesagt, du mußt sehr auf deine Hand achten, damit sie nicht stirbt."

„Deine Tante hat keine Ahnung."

„Die Hand meines Bruders hat sie gesund gemacht."

„Ich bin kein kleines Kind. Ich weiß, was ich zu tun habe."

„Komm bitte mit. Wenn der Verband jetzt gewechselt wird, heilt deine Hand bestimmt schneller, und du kannst besser arbeiten."

„Ich brauche überhaupt keinen Verband. Fort mit ihm!"

„Die Hand sieht schlimm aus. Komm mit zur Tante."

„Das kostet zuviel Zeit."

„Wenn die Hand schlimmer wird und stirbt, dann stirbst du auch. Und der Tempel wird nicht fertig. Willst du das?"

„Der Tempel muß fertig werden."

„Also komm mit zur Tante. Bitte komm."

„Sisyphos, wohin gehst du?"

„Ich gehe ins Dorf wegen meiner Hand."

„Das ist kein Grund."

„Meine Hand ist verletzt. Sie muß gesund werden."

„Du drückst dich vor der Arbeit."

„Ich drücke mich nicht. Wenn ich zurück bin, werde ich sofort einen Stein den Berg hinaufstemmen. Darauf kannst du dich verlassen."

„Gestern hast du nur einen Stein geschafft. Hera ist sehr enttäuscht von dir."

„Ich hole alles nach, wenn meine Hand . . ."

„Sisyphos, vernachlässige deine Pflichten nicht. Zwei Steine sollen jeden Tag auf den Berg. Du bist sehr im Rückstand. Du mußt dich anstrengen."

„Ja, Zeus. Aber . . ."

„Kein Aber! Waschlappen kann Hera nicht gebrauchen."

„Mit wem redest du, Sisyphos?"

„Was?"

„Mit wem hast du gerade geredet?"

„Ich muß zurück, Junge."

„Wir sind gleich bei Tante Ganieda."

„Du kannst deine Tante zu mir schicken. Heute abend bei Sonnenuntergang soll sie bei mir sein."

Sisyphos sitzt oben auf dem Berg. Ein Stein ist geschafft. Die linke Hand schmerzt stark.

Es ist später Nachmittag. Wie soll ich den zweiten Stein nur schaffen? Ich muß meine Lampen aufstellen, denn vor Sonnenuntergang klappt es nicht mehr. Sonst ging es viel schneller. Wie kann eine kleine Verletzung mich so kraftlos machen? Das darf nicht sein. Zwei Steine muß ich schaffen. Der Tempel drängt. Ich darf Hera nicht enttäuschen. Zeus hat es gut mit mir gemeint. Wenn ich jetzt schlappmache, nicht mehr funktioniere, sucht Hera sich einen anderen, der den Tempel fertig baut. Vergeblich habe ich dann gearbeitet. Nein, das darf nicht sein. Ich gebe nicht auf.

Hand, wenn du nicht bald gut tust, hacke ich dich ab. Wenn du zu nichts mehr zu gebrauchen bist, dann weg mit dir, du nutzloses Ding. Ich gebe dir noch zwei Tage Zeit. Wenn du dann nicht besser wirst, kommst du weg. Es ist deine letzte Chance.

Entschlossen rafft Sisyphos sich auf und geht den Berg hinunter. Zwei Steine ist das unbedingte Muß. Zwei Steine jeden Tag.

Als es dunkel wird, ist der zweite Stein noch lange nicht oben. Dummerweise hat er vergessen, die Öllampen rechtzeitig mit dem Brennspiegel anzuzünden. Jetzt ist es zu spät. Gleich wird der Mond aufgehen. Es kann nicht lange dauern.

„Sisyphos, wo bleibst du?"

„Ach du."

„Wir haben auf dich gewartet bei deiner Hütte."

„Ich mußte arbeiten."

„Meine Tante wollte nicht mitkommen. Ich habe sie sehr gebeten. Immer wieder. Dann ist sie doch mitgekommen."

„Hol sie her."

„Sie ist zurückgegangen. Sie hat sich sehr geärgert über dich."

„Das macht nichts."

„Aber Sisyphos, deine Hand."

„Die hacke ich sowieso ab."

„Bist du verrückt!"

„Nein. Eine nutzlose Hand brauche ich nicht."

„Du bist verrückt."

„Ich bin ein kühler Rechner."

„Ohne die Hand kannst du viel schlechter arbeiten."

„Die Hand wird nicht mehr heil."

„Du mußt dir Mühe geben."

„Wozu?"

„Du gibst dir soviel Mühe mit den Steinen."

„Die sind wichtig."

„Deine Hand ist auch wichtig."

„Die Steine sind viel wichtiger."

„Deine Hand ist viel wichtiger."

„Meine Hand ist gar nicht wichtig. Ich kann ohne sie Steine stemmen."

„Deine Hand ist wichtig."

„Der Tempel ist viel wichtiger. Er muß fertig werden."

„Deine Hand stirbt bald."

„Egal, ich hacke sie morgen ab."

„Mit zwei gesunden Händen kannst du mehr erreichen."

„Die Hand will nicht gesund werden."

„Du mußt Geduld haben."

„Sisyphos, ich habe Angst."

„Geh nach Hause. Laß mich in Ruhe."

„Ich habe Angst um dich."

„Gleich geht der Mond auf. Dann arbeite ich weiter."

„Heute geht der Mond nicht auf."

„Er muß aufgehen. Er geht jede Nacht auf."

„Merkst du eigentlich gar nichts, Sisyphos!"

„Du gehst mir auf die Nerven."

„Schien letzte Nacht der Mond?"

„Natürlich, die ganze Nacht, strahlend hell."

„Es ist fast Neumond."

„Ich brauche Licht zum Weiterarbeiten."

„Er geht trotzdem nicht auf. Oder siehst du ihn irgendwo?"

„Die Sterne sind hell genug. Los, geh nach Hause. Du mußt schlafen."

„Du auch. Du mußt ganz lange ausruhen."

Sisyphos steht auf und stemmt den zweiten Stein weiter nach oben. Zuerst geht es sehr schlecht. Die Hand schmerzt, er sieht wenig. Musaios bleibt und sieht zu.

Der Stein stockt. Er rührt sich nicht vom Fleck. Sturer Stein, bewege dich. Jetzt geht es besser. Jetzt geht es richtig leicht. Der Stein fliegt bergauf.

„Halt, Sisyphos."

Langes Poltern. Stille.

„Jetzt ist er unten."

„Dummer Junge. Er ist oben. Zeus selbst hat mir geholfen."

„Ich habe es genau gehört."

„Er ist oben. Zeus hat mich belohnt."

„Komm, wir gehen nach Hause."

„Der Stein ist oben. Siehst du, Junge. Man muß sich nur richtig anstrengen, den inneren Schweinehund besiegen. Dann schafft man es. Der Stein ist oben, weil ich nicht aufgegeben habe. Es ging zum Schluß ganz von alleine."

„Sisyphos, komm. Wir freuen uns und gehen nach Hause."

„Der Stein ging spielend leicht nach oben. Ich fange gleich mit dem nächsten an."

„Es ist fast nichts zu sehen. Wir müssen vorsichtig gehen."

„Ich fliege."

„Paß auf, bitte, bitte. Paß auf."

„Ich fliege."

„Wo bleibst du?"

„Ich fliege zum nächsten Stein."

„Du liegst im Dreck."

„Gleich habe ich ihn oben."

„Dann ruhst du aus."

„Warum denn? Es geht wunderbar leicht mit den Steinen. Schon wieder ist einer oben."

Heute nacht werde ich den Tempel fertig bauen. Alle Steine bringe ich nach oben. Es geht so leicht. Bald habe ich es geschafft. Bald ist er fertig, der Tempel für Hera. Dann bin ich ihr Heros, ihr Liebhaber. Dann habe ich sie gewonnen. Sie hat mich erwählt. Ich habe gekämpft und gesiegt. Gleich ist es soweit. Endlich. Endlich.

„Habe keine Angst, Sisyphos. Ich bleibe bei dir."

„Bist du verletzt, Sisyphos? Sag doch was."

Sag endlich was. Hier am Kopf fühle ich Blut. Zum Glück nicht viel. Gut, daß du nicht auf die linke Hand gefallen bist. Sisyphos, sag was. Was ist los mit dir? Sisyphos, lieber Sisyphos. Bist du tot? Nein, du atmest. Dein Herz schlägt. Ich lege dir meine Jacke über, damit du nicht frierst. Wenn doch meine Tante Ganieda hier wäre oder Großvater Eumaios. Die könnten helfen. Wenn es hell wird, laufe ich schnell, sie zu holen.

Ich habe Angst. Hoffentlich wird es bald hell. Du brauchst keine Angst zu haben, Sisyphos. Du kannst bestimmt gleich wieder aufstehen. Dann gehen wir zusammen zu deiner Hütte, ganz langsam und vorsichtig. Ich helfe dir. Du kannst dich auf mich stützen. Habe keine Angst, Sisyphos. Ich bleibe bei dir.

Ab und zu leises Stöhnen, wirre Worte. Nächtliche Stille.

Musaios hat große Angst. Er bleibt die lange dunkle Nacht.

Morgenwärme

Musaios ist ganz steif.

Wo bin ich?

Sisyphos, lebst du noch?

Er atmet. Er atmet ruhig. Die Schramme am Kopf ist klein. Neue Verletzungen scheint er nicht zu haben. Hoffentlich hatte er Glück bei diesem Sturz. Die linke Hand ist schlimm genug.

Musaios wartet ratlos.

Sisyphos bewegt sich.

Mein Kopf brummt. Wo bin ich?

Er liegt wieder still.

Die Sonne wärmt.

„Sisyphos, bist du wach?"

Wie müde er ist.

„Sisyphos, spürst du die Sonne? Wach endlich auf.

Gut, daß du atmest. Sonst hätte ich Angst, du bist tot."

Ich werde ihn kitzeln, damit er aufwacht. Dann können wir ins Dorf gehen zu Tante Ganieda. Sie wird helfen.

„Laß mich in Ruhe, Hera."

„Ich bin's, Musaios."

„Ich bin müde, Hera."

„Ich bin's, Musaios. Wach auf, Sisyphos. Es ist Mittag."

„Laß mich schlafen."

„Nein, Sisyphos. Steh auf."

„Laß mich schlafen."

„Steh auf, damit wir ins Dorf gehen können."

„Ich will nicht, ich kann nicht."

„Dann laufe ich zur Hütte, hole dir zu trinken und zu essen. Ich bin gleich wieder hier, Sisyphos."

Zum Glück ist noch Wasser und Brot in der Hütte. Musaios nimmt einen Wasserschlauch und Brot, trinkt schnell selbst, läuft zurück zu Sisyphos.

Sisyphos hat sich aufgesetzt, den Rücken an einen Stein gelehnt.

„Sisyphos, da bin ich wieder. Hier ist Brot und Wasser."

„Wer bist du?"

„Kennst du mich nicht mehr?"

„Du bist doch der Junge, der mich unbedingt zu seiner Tante schleppen will."

„Laß uns erst essen und trinken."

„Jetzt habe ich genug."

„Hast du Schmerzen?"

„Meine linke Hand, sonst nichts. Nur mein Kopf brummt wie ein Hornissenschwarm, und mein Rücken."

„Kannst du aufstehen?"

„Warum?"

„Willst du ewig hier bleiben?"

„Ich weiß nicht."

„Komm, soll ich dich stützen?"

„Nein. Es geht."

„Tut wirklich nichts weh?"

„Nur die linke Hand."

„Die lassen wir im Dorf neu verbinden. Dann heilt sie besser."

„Ich muß arbeiten."

„Vorher mußt du ausruhen."

„Wer zuviel ausruht, ist nichts wert."

„Du bist krank. Du mußt ausruhen, um gesund zu werden."

„Meine Arbeit drängt. Ich baue einen Tempel für Hera."

„Hera hat schon viele Tempel."

„Sie hat nie genug."

„Deine Eltern machen sich bestimmt Sorgen um dich."

„Ich hoffe, sie haben keine Angst. Ich bin manchmal eine Nacht und einen Tag weg, wenn ich Ziegen hüte."

„Du kannst jetzt weiter ins Dorf gehen. Ich muß mit dem nächsten Stein beginnen."

„Komm bitte mit zu Tante Ganieda. Du mußt gesund werden."

„Ich bin fast gesund. Meine Hand spüre ich kaum."

„Deine Hand sieht schlimm aus."

„Ich spüre nichts."

„Dann ist sie tot."

„Es geht auch ohne sie."

„Laß uns schnell weitergehen. Vielleicht können wir deine Hand noch retten."

„Wozu?"

„Gib nicht auf."

„Ich muß arbeiten."

Ganieda ist zu Hause.

„Du kommst spät, Sisyphos.
Setz dich hierhin.
Deine Hand sieht übel aus."

„Der neue Verband ist fertig. Bleibe still sitzen, bis er fest ist. Du darfst auf keinen Fall arbeiten. Deine Hand braucht viel Ruhe. Morgen gibt es einen neuen Verband.

Musaios, frag deine Eltern, ob Sisyphos bei euch wohnen kann."

„Ich gehe lieber zu meiner Hütte."

„Wir haben oft Gäste."

„Ich werde euch bezahlen."

„Unsinn. Mein Großvater freut sich bestimmt, wenn er mit dir reden kann. Komm."

Widerstrebend geht Sisyphos mit.

„Dort unter dem wilden Olivenbaum sitzt mein Großvater oft mit anderen alten Männern aus dem Dorf."

Musaios bittet seine Mutter, daß Sisyphos bei ihnen bleiben darf. Sie ist einverstanden und lädt ihn ein.

„Dort in diesem Raum kannst du schlafen. Musaios holt dir gewiß die Dinge, die du aus deiner Hütte brauchst."

„Ich werde selbst gehen."

„Wenn du Durst hast, kannst du dir hier Wasser holen. Brot und Käse sind dort, und frische Früchte. Abends essen wir gemeinsam. Du bist eingeladen."

„Danke."

„Du siehst sehr müde aus. Ich hole dir eine Decke."

„Mach keine Umstände."

„Doch."

Siesta

Die Luft ist starr vor Hitze. Sie schwitzt flirrend vor sich hin.

Sisyphos hat geschlafen.

Eigentlich sollte ich Steine auf den Berg wälzen. Einen könnte ich bereits oben haben. Dann säße ich jetzt auf dem Gipfel. Bald wird der Tempel fertig und ich Heras Liebling.

Ich halte es nicht aus in diesem Raum. Ich gehe nach draußen.

Die Bank unter dem Olivenbaum ist leer. Ich setze mich. Zum Glück bin ich allein.

Meine Hand muß schnell gesund werden, damit ich wieder arbeiten kann. Dieses Warten halte ich nicht aus. Mein Rücken auch nicht. Er fängt an zu ziehen.

Ich brauche meine Arbeit, meine Steine. Herumsitzen und warten ist dumm und nutzlos.

Heras Tempel. Ich muß ihn fertig bauen. Kein anderer darf ihn mir wegnehmen. Ich habe Anspruch auf ihn und auf Hera.

Wenn Hera ungeduldig wird, sich einen anderen sucht? Das darf nicht passieren. Ich werde kämpfen und siegen.

„Herzlich willkommen, Sisyphos."

„Woher kennst du mich?"

„Mein Enkel hat von dir erzählt. Ich heiße Eumaios."

„Es ist gut, hier im Schatten zu sitzen."

„Arbeiten ist besser."

„Mittags ist es zu heiß zum Arbeiten."

„Man muß nur wollen."

„Du hast viel gearbeitet."

„Man ist erfolgreich."

„Du hast dir selten eine Pause gegönnt."

„Man hat zum Glück nie eine Pause nötig gehabt."

„Das ist nicht gut."

„Der Tempel für Hera muß fertig werden."

„Das ist eine gewaltige Arbeit."
„Ich bin stolz darauf."
„Warum baust du einen Tempel für Hera?"
„Hera will es. Sie gab mir den Auftrag."
„Das wundert mich. Warum sollst du ganz allein dort oben auf dem Berg einen Tempel für sie bauen?"
„Sie will es. Ich tue, was sie will."
„Deine Arbeit sieht wie eine Strafe aus."
„Absurde Vorstellung. Arbeit ist doch keine Strafe."

„Mein Großvater erzählte mir die Geschichte vom König Sisyphos. Er war klug und gerissen. Er überlistete die Götter, als sie ihn töten wollten. Sie rächten sich und verurteilten ihn, auf ewig einen Stein einen Hügel bergauf zu rollen, was ihm niemals gelingen sollte."
„Meine Steine bleiben oben."
„Vielleicht rollen sie irgendwann doch herunter."
„Das ist völlig unmöglich."
„Ab und zu bebt die Erde."
„Ich habe alle Steine gut gesichert."
„Bist du ganz sicher?"
„Absolut. Vor Jahren gab es ein Erdbeben, als ich gerade mit meiner Arbeit begonnen hatte und die ersten vier Steine oben waren. Sie bewegten sich kaum, so gut hatte ich sie geschützt. Vorsichtshalber überprüfte und verstärkte ich die Sicherungen."
„Es kann sehr starke Beben geben."
„Es wird nichts passieren."
„Und wenn sie doch herunterrollen?"
„Sie liegen fest und sicher auf dem Berg."

„Macht dir deine Arbeit Freude?"
„Selbstverständlich. Wenn ich nicht arbeite, werde ich unzufrieden und krank."

„Du bist krank.“

„Ich bin nur etwas gestürzt. Dieser Lump, der angebliche Herakles, legte mir nachts bei meiner Hütte Steine in den Weg. Ich stolperte und verletzte meine Hand.“

„Tat er das wirklich?“

„Ich bin ganz sicher. Er will mich verdrängen. Er hatte Angst zu kämpfen, da ich viel stärker bin als er.“

„Es gibt immer einen Stärkeren.“

„Den möchte ist sehen.“

„Jetzt bist du müde und nicht sehr stark.“

„Gleich werde ich wütend, alter Mann.“

„Du läßt dir ungern etwas sagen.“

„Laß mich in Ruhe.“

Eumaios geht ins Haus und kommt nach einer Weile wieder.

„Hier ist ein Apfel für dich.“

„Danke, Alter.“

„Ich heiße Eumaios.“

„Ich kann mir keine Namen merken.“

„Du kennst nur deine Steine.“

„Die habe ich voll im Griff.“

„Du bist meistens allein, Sisyphos.“

„Ich brauche niemanden.“

„Jetzt brauchst du Hilfe.“

„Dein Enkel hat mich überredet.“

„Gefällt dir meine Nichte Ganieda?“

„Ich arbeite für Hera.“

„Hera ist weit.“

„Hera ist überall. Sei vorsichtig.“

„Ich wollte dich nicht kränken.“

„Du bist unruhig. Schmerzt deine Hand?"

„Ich vertrage die Ruhe nicht. Der Tempel muß fertig werden."

„Dieses erbärmliche Geschrei. Ruhe."

„Laß den Esel schreien."

„Er schreit laut und schräg."

„Er hat viele Lasten zu tragen."

„Esel sind dumm und faul."

„Vielleicht klagt der Esel sein Leid."

„Sein Schreien stört mich. Er soll sich zusammenreißen."

„Willst du sein Leid nicht hören?"

„Es interessiert mich nicht."

„Dann laß ihn schreien."

„Ich will ihn nicht hören."

„Erinnert er dich an deine Last?"

„Musaios hat mir vor einiger Zeit erzählt, wie ihr die Gottesanbeterin beobachtet habt. Wie sie ihn fraß beim Lieben."

„Kann sein."

„Ich habe oft Gottesanbeterinnen gesehen. Aber so etwas habe ich noch nie gesehen."

„Es ist nicht wichtig."

„Du kommst mir ähnlich vor. Du arbeitest und arbeitest und arbeitest und wirst bei lebendigem Leibe aufgefressen."

„Ich habe einen Auftrag von Hera. Alles andere ist belanglos."

„Erzähl mir aus deinem Leben, Sisyphos."

„Da gibt es nichts zu erzählen."

„Wo kommst du her?"

„Ich bin bei meinen Eltern aufgewachsen. Habe gelernt zu kämpfen. Als ich groß war, habe ich meine Eltern verlassen, mein Glück zu suchen, Abenteuer zu bestehen. Ich kam zufällig hier vorbei. Da gab Hera mir den Auftrag, einen Tempel zu bauen zu ihrem Ruhm. Da wußte ich, was ich zu tun hatte. Meine Suche war erfolgreich. Ich hatte eine Aufgabe, ein Ziel."

„Ist das alles?"

„Ja. Natürlich. Mein Leben liegt vor mir. Wenn der Tempel fertig ist, bin ich Heras Auserwählter."

„Hera hat viele Auserwählte."

„Lüge nicht. Ich bin's."

„Wenn der Tempel nie fertig wird?"

„Der Tempel wird fertig. Im nächsten Jahr schaffe ich es. Gleich morgen arbeite ich weiter."

„Du mußt ausruhen, neue Kraft schöpfen, nachdenken."

„Ich muß arbeiten."

„Bis du aufgefressen bist von deiner Arbeit wie die Heuschrecke."

„Schweig. Ich habe ein großartiges Ziel."

„Du bist schon fast gefressen."

Du bist betäubt, Sisyphos.

Wach auf, bevor du stirbst.

Du bist auf einem falschen Weg, du glaubst an ein fremdes Ziel. Du läufst von dir fort.

Du bist krank, Sisyphos, sehr krank. Nimm deinen Schmerz wahr, deine Einsamkeit. Du lebst ziellos in einer Wüste, betäubst dich durch den Traum vom Tempel.

Sollte dein Leben nicht mehr Sinn haben, als Steine einen Berg hinaufzustemmen für einen Tempel, den niemand braucht.

Nur keine dummen Gedanken. Ich muß schnell gesund werden und tüchtig arbeiten. Dann bin ich diese brummenden Gedanken los.

Du hast den Berg verbrannt, um die Skorpione zu vernichten. Immer wieder hast du es wiederholt. Du hast viel Leben zerstört. Dein Berg ist schwarz und tot. So tot wie du. Laß neues Leben wachsen. Vernichte es nicht immer wieder.

Es ist wahr, daß Skorpione schmerzhaft stechen, daß sie sehr gefährlich sind. Sie vernichten ist keine Lösung. Wir können sie nicht vernichten. Wenn wir es versuchen wie du, töten wir viele, nie alle. Sie kommen zurück. Wir müssen uns mit ihnen abfinden. Wir müssen lernen, mit ihnen zu leben. Wenn wir den ganzen Berg abbrennen, um sie zu töten, töten wir vieles, was wir brauchen. Wenn wir alle Berge abbrennen würden, so wie du, könnten wir hier nicht länger leben. Wir müßten weggehen. Aber wohin?

„Du kannst bei uns bleiben, bis du gesund bist."

Du bist hart wie die Steine, die du bergauf stemmst. Du hast starke Muskeln, kräftige Knochen, bist hartnäckig und zäh. Du kämpfst voller Energie an der falschen Stelle. Du läufst vor dir weg, stürzt dich in diese Arbeit, verlierst dich. Du verschiebst dein Leben auf die Zeit, wenn der Tempel fertig ist. Opferst alles dafür, opferst dich selbst.

Niemand hat das Recht, dieses Opfer von dir zu fordern. Auch Hera nicht.

Nimm deinen Schmerz wahr, deine Traurigkeit, deine hoffnungslose Leere.

Sisyphos, du verbringst deine Tage ohne eigenen Sinn.

Sisyphos, habe Mut, heute zu leben. Hier und jetzt. Achte auf dich, achte auf deine Mitmenschen, die Natur. Werde rücksichtsvoll zu dir, zu allem.

Du mußt dich entscheiden, Sisyphos. Du kannst weitermachen wie bisher. Eine Weile wird es noch gehen. Doch bald wirst du ganz versteinert sein, tot. Beginne, dein Leben ernst zu nehmen. Suche Sinn in deinem Leben, eigenen Sinn, keinen fremden.

„Sisyphos, du kannst bleiben, bis du gesund bist. Habe Geduld. Es wird eine Weile dauern."

„Nicht so stürmisch, Musaios."

„Ich kann jetzt mit Sisyphos zu seiner Hütte gehen."

„Das hat Zeit. Laß Sisyphos schlafen. Er ist sehr müde."

Ich habe lange geschlafen. Ich bin allein. Eumaios hat viel geredet.

„Sisyphos, bist du wach? Komm, das Essen ist fertig."

Es ist dunkel geworden. Sisyphos ist todmüde und geht schlafen. Er schläft zum ersten Mal, seit seine Hütte eingestürzt ist, nicht im Freien. Das ist ungewohnt.

Am nächsten Tag geht Sisyphos zu Ganieda, damit sie den Verband wechselt.

„Deine Hand sieht besser aus als gestern. Wenn du sie weiterhin schonst, wird sie hoffentlich heilen."

„Sie schmerzt manchmal ziemlich."

„Dein Lebenswille kämpft mit der Verletzung. Dieser Kampf braucht viel Kraft, er tut weh. Kämpfe in Gedanken mit."

„Ich will schnell wieder arbeiten können."

„Arbeite zuerst für deine Hand. Danach kannst du andere Arbeit angehen. Sei geduldig."

Langsam vergeht die Zeit. Mittagshitze. Sitzen unter dem Olivenbaum. Reden mit Eumaios. Langes Schweigen. Der Esel schreit. Die Zikaden singen. Schmerzen in der Hand, im Rücken. Viele Tage vergehen.

„Deine Hand ist heute viel besser. Ich glaube, bald ist sie heil."

„Das ist gut. Wenn ich wieder arbeite, verschwinden bestimmt meine Rückenschmerzen."

„Du hast Rückenschmerzen?"

„Ja, immer wenn ich nichts tue, sind sie da."

„Dein Rücken ist sehr verspannt. Die Muskulatur zu hart. Die schweren Steine sind nicht gut für deinen Rücken. Ich werde dich massieren. Das hilft etwas. Du solltest mit den Steinen aufhören. Diese Arbeit schadet dir."

„Heute abend gibt es Tanz im Dorf. Willst du mitkommen?"

„Ich kann nicht tanzen."

„Komm trotzdem mit. Du kannst zuschauen. Wenn du Lust hast mitzutanzen, tust du es einfach."

„Ich glaube, ich lasse es lieber wegen meiner Hand."

„Das stimmt. Deine Hand sollst du schonen. Komm dennoch mit und schau zu."

Sisyphos geht mit und setzt sich mit Eumaios zu den alten Männern.

Jetzt tanzt Eumaios. Er tanzt langsam, fliegt wie eine Feder, dreht sich wie ein Wirbelwind. Es geht ihm gut. Er tanzt lange. Seine Bewegungen werden geschmeidiger, runder, voller Kraft. Er tanzt auf andere zu. Tanzt mit ihnen zusammen, steckt sie an mit seiner Lebendigkeit. Seine Mitte ist in ihm.

Sisyphos bekommt Lust mitzutanzen. Aber er traut sich nicht.

Ich bin unbeholfen und furchtbar steif. Alle sehen mir zu.

Eumaios kommt auf Sisyphos zu.

„Sisyphos, tanz mit. Wir nehmen einen einfachen Tanz. Du kannst ihn sofort lernen."

„Ich kann nicht tanzen."

„Das läßt sich ändern. Komm."

Sisyphos traut sich zögernd.

Es ist holperig und stockend. Er tanzt, eine erste Ahnung.

„Deine Hand sieht gut aus. Du brauchst keinen neuen Verband."

„Endlich."

„Ich habe dich vorgestern abend tanzen sehen."

„Es sah bestimmt sehr steif aus."

„Das wird sich ändern, wenn du häufiger tanzt. Hat es dir gefallen?"

„Vielleicht."

Beim nächsten Abendessen sagt Sisyphos, daß er in ein paar Tagen zu seiner Hütte gehen will. Er wird nicht sofort anfangen, Steine zu rollen, sondern zuerst seine Hütte wiederaufbauen. Er will bald zurückkommen, um das nötige Material zu kaufen.

Aufräumen

Eine Woche später verabschiedet sich Sisyphos, dankt für die Gastfreundschaft und macht sich auf den Weg. Die Trennung fällt schwer.

Es ist vieles neu.

Oft bin ich diesen Weg gegangen, hastig und schwer beladen.

Nie habe ich ihn richtig gesehen.

Ich will eine kleine Rast einlegen.

Mich umsehen.

Schauen, was es zu schauen gibt.

Hören, was zu hören ist.

Die Düfte riechen.

Ich wandere weiter.

Meine Hütte ist zu sehen. Ihr Dach ist verfallen, die Mauern beschädigt.

Einmal hatte ich angefangen, sie wiederaufzubauen. Ich gab es auf. Es war mühsam und langwierig, unwichtiger Kleinkram im Vergleich zum Tempel.

Diesmal will ich nicht aufgeben. Wenn nötig, werde ich Hilfe suchen.

Jetzt bin ich da.

Hier habe ich jahrelang gelebt. Gelebt?

Im Garten grünt es, Blumen blühen.

Sogar auf den verfallenen Mauern wachsen einige Pflanzen.

Hier ist der Platz, wo ich geschlafen habe. Er ist zugewachsen. Ich werde ihn freiräumen. Oder suche ich mir einen neuen Platz?

Ich wähle lieber einen neuen Platz. Vielleicht einen Platz im Garten.

Ob die Geldkrüge noch da sind? Ich werde später nachsehen.

Erst zur Quelle.

Es ist feucht hier. Gibt sie Wasser? Ich werde sie freilegen und nachschauen. Ganz überwuchert ist sie.

Womit fange ich an? Es ist viel zu tun. Ich habe Wasser für heute und morgen mitgebracht. Gleichwohl fange ich mit der Quelle an.

Die Quelle gibt tatsächlich Wasser. Zwar wenig, aber es reicht.

Mittags ist sie freigelegt.

Endlich eigenes Wasser.

Es ist heiß. Die vergangenen Wochen habe ich in der Mittagshitze ausgeruht, unter dem Olivenbaum gesessen, allein oder mit Eumaios, mit Musaios. Ein Olivenbaum ist leider nicht hier. Ich werde im Schatten der Hütte Pause machen.

Wie lange wird es dauern, bis die Hütte repariert ist? Ich weiß es nicht, ich habe noch nie eine Hütte gebaut oder repariert. Ich lasse mir Zeit.

„Sisyphos, was tust du?"

„Ich ruhe aus."

„Du sollst arbeiten, nicht ausruhen."

„Es ist dumm, in der Mittagshitze zu arbeiten."

„Du hast den ganzen Tag nicht gearbeitet."

„Ich habe meine Hütte angesehen, die Quelle freigelegt."

„Du sollst Steine den Berg hochstemmen."

„Ich will erst meine Hütte in Ordnung bringen."

„Mein Tempel muß unbedingt fertig werden. Du hast viel Zeit verloren."

„Ich muß erst gesund werden."

„Du bist gesund genug. Erfülle treu deine Pflicht."

Fort ist sie. Ich sollte sie besänftigen, die wütende Hera. Aber wie?

Ich will nicht den ganzen Tag Steine den Berg hochwuchten, ich will zuerst meine Hütte wiederherstellen.

Wenn ich jeden Tag etwas Zeit für ihren Tempel verwende, wird sie dann zufrieden sein? Meine Hütte, mein Garten sind mir wichtiger als ihr Tempel. Wird sie das akzeptieren? Kaum.

Ich werde nachher den Berg hinaufgehen und über den Tempelbau nachdenken. Nein, ich werde zuerst über meine Hütte nachdenken, wie ich sie aufbaue, damit sie fertig ist, bevor der Winter kommt. Der Tempel und die Steine müssen warten.

Nachmittags wendet sich Sisyphos seiner Hütte zu. Er fängt an, die Mauern freizulegen, bringt die Pflanzen in den Garten. Es ist eine leichte Arbeit im Vergleich mit dem Steinestemmen. Sie dauert lange. Sie tut gut.

Dort sind zwei Geldkrüge. Der von Zeus und ein Reservekrug.

Vorsichtshalber nehme ich Geld aus dem Krug von Zeus, damit es eine Weile reicht. Denn vielleicht gibt er nicht, solange ich meine Hütte wiederaufbaue.

Abends sind die Mauern freigelegt, bis auf die eingerissene. Die werde ich morgen freilegen. Dann ins Dorf gehen, mit Eumaios unter dem Olivenbaum sitzen und abends hier weiterarbeiten.

An diesem Platz lege ich mich schlafen. Er ist gut geschützt. Die Morgensonne wird mich wärmen.

Gut habe ich geschlafen. Ungewohnt war es gestern abend beim Einschlafen. Etwas unheimlich, alleine draußen einzuschlafen zum ersten Mal seit Wochen. Schön ist es, in der Morgensonne aufzuwachen.

Sisyphos nimmt sich Zeit zum Wachwerden, zum Frühstükken.

Die Quelle gibt weiterhin Wasser.

Nun zur eingestürzten Wand. Vor Jahren hat sie ein herunterrollender Stein eingerissen. Jetzt liegt er gut abgesichert auf dem Berg.

Ich sollte bald nach oben gehen, nachsehen, ob die Steine sicher liegen. Wenn einer oder mehrere herunterrollen würden, könnte es großen Schaden geben. Vielleicht sollte ich einen Wall aus Erde und kleinen Steinen um sie herum aufschütten? Das bedeutet viel Arbeit. Ich glaube, sie ist wichtig. Es wäre schlimm, wenn ein Stein sich lösen würde. Er könnte viel zerstören. Ich gehe gleich nach oben. Die Wand werde ich später freilegen.

Sisyphos geht den Berg hinauf. Er nimmt eine Schaufel mit, um bei Bedarf gleich Steine absichern zu können.

Jetzt ist er oben. Dort liegen die Steine. Weit über tausend, sind es Tausende?

Wenn sie alle den Berg hinunterstürzen würden? Nur nicht daran denken. Sie würden viel vernichten. Die Arbeit der vergangenen Jahre wäre vergeblich gewesen. Schlimmer, in ihren Folgen sehr zerstörerisch.

Was fange ich mit diesen Steinen an? Wieder hinunterrollen geht kaum, das würde auch zerstören. Absichern? Aber wie? Wie kann ich sie wirklich absichern, daß nichts passiert?

Der Berg ist hier oben zum Glück ziemlich flach. Ich werde an einigen Stellen einen Wall um die Steine herum aufschütten, dort zum Beispiel und dort. Das wird lange dauern. Dennoch muß es getan werden. Wo nehme ich die nötige Erde her? Hier gibt es nur wenig. Für einen richtigen Wall wird sie nicht reichen. Also doch nur die großen Steine mit kleineren absichern?

Bei einem Rundgang prüft Sisyphos, ob die äußeren Steine festliegen. An einigen Stellen sichert er sie zusätzlich ab. Insgesamt scheinen sie sicher zu liegen.

Den Wall will er trotzdem bauen, wenigstens an einigen Stellen.

Es ist Mittagszeit. Ich bleibe hier, trinke mein Wasser, esse mein Brot. Dort ist etwas Schatten. Ein Baum auf dem Gipfel wäre schön.

Die vielen Steine, warum habe ich sie hierher gebracht, heraufgestemmt die vielen Jahre?

Was soll ein Tempel hier oben? Hera will es.

Schön wäre ein Platz mit Bäumen ringsherum, ein Platz zum Tanzen und Singen, zum Reden und Schweigen.

Nur die vielen Steine müßten irgendwie verschwinden.

Es ist ein schöner Blick. Ein sanfter Wind erfrischt in der Mittagshitze. Ich spüre ihn heute zum ersten Mal.

Ich werde eine Weile bleiben.

Irgendwann am Nachmittag geht Sisyphos heim zu seiner Hütte. Er ist ruhig und zufrieden. Er geht langsam und aufmerksam bergab.

Wie war ich immer in Eile beim Steinewälzen. Heute ist es anders. Keinen Stein habe ich bergauf gestemmt, habe gar nicht damit angefangen. Trotzdem geht es mir gut, angenehm gut.

Die eingestürzte Wand bekomme ich heute nicht mehr frei. Ich werde mit ihr anfangen und sie morgen vormittag weiter freiräumen, dann ins Dorf gehen, in der Mittagshitze mit Eumaios unter dem Olivenbaum beraten.

Richtig zugewachsen ist der Rest dieser Wand. Ich habe mich zu lange nicht darum gekümmert, nur an den Tempel gedacht. Es wird eine Weile dauern, bis ich sie wiederaufgebaut habe. Gut, daß damals der Stein nicht die ganze Hütte eingerissen hat. Das hätte leicht geschehen können.

Ob Eumaios alle Pflanzen kennt, die hier wachsen? Sehr verschieden sind sie. Sie scheinen sich zu vertragen.

Bald geht die Sonne unter. Ich bereite mein Abendessen vor, damit ich im Hellen essen kann. Ob einige dieser Pflanzen eßbar sind? Es könnte sein. Ich werde fragen.

Auch die zweite Nacht ist ruhig und erholsam.

Rechtzeitig vor der Mittagshitze ist die eingestürzte Wand freigelegt. Sie kann gut trocknen. Sisyphos macht sich auf den Weg ins Dorf.

Soll ich meine Hand Ganieda zeigen? Ich glaube, es ist nicht nötig. Ich habe meine Hand kaum belastet. Vielleicht zeige ich sie ihr trotzdem.

Schade, Eumaios ist nicht da. Ich werde mich unter den Olivenbaum setzen und auf ihn warten.

„Sisyphos, da bist du ja."

„Wie geht es dir, Eumaios?"

„Was macht deine Hand, deine Arbeit?"

„Ich habe angefangen aufzuräumen."

„Wie viele Steine hast du auf den Berg gewälzt?"

„Keinen einzigen."

„Ist das wahr?"

„Gestern war ich auf dem Berg. Habe nachgesehen, ob die Steine sicher liegen. Einige habe ich vorsichtshalber besser abgesichert. Es wird nichts passieren, denke ich."

„Auch nicht bei einem starken Beben?"

„Hoffentlich nicht. Ich würde gerne einen Erdwall um die Steine herum aufschütten. Leider ist zu wenig Erde oben auf dem Berg."

„Du kannst Bäume und Sträucher pflanzen, die halten die Steine fest."

„Daran habe ich auch gedacht. Hera will einen Tempel dort haben. Ein Platz mit Bäumen und Sträuchern ist viel schöner."

„Wie geht es deiner Hand?"

„Gut. Ich habe sie geschont und keine Schmerzen gespürt."

„Das freut mich."

„Ich habe angefangen, meine Hütte wiederaufzubauen. Eine Wand wurde vor Jahren durch einen Stein eingerissen, der vom Berg herunterrollte. Wenn ich die Wände fertig habe, werde ich Hilfe für das Dach benötigen."

„Du brauchst nur zu fragen."

Bevor Sisyphos heimgeht, kauft er ein. Nicht nur Brot und Käse, sondern auch Gemüse aus dem Garten, Kräuter und Früchte, Oliven.

Er nimmt einige Pflanzen und Samen für seinen Garten mit. Hoffentlich wachsen sie an, gehen sie auf.

Am nächsten Morgen beginnt Sisyphos die eingerissene Wand aufzubauen.

Vor vielen Jahren habe ich damit schon einmal begonnen. Es war sehr mühsam, für jeden Stein eine passende Stelle zu finden, wo er sicher und fest lag. Zeus hat mir irgendwann verboten, weiter meine Hütte zu reparieren, weil ich Steine auf den Berg rollen sollte. Ich glaube, ich hätte bald von alleine mit der Wand aufgehört. Das war keine Arbeit. Immer bekam ich Rückenschmerzen.

Langsam wird die Mauer höher. Es wird viele Tage dauern, bis sie aufgebaut ist. Ich werde mir Zeit lassen. Lieber in Ruhe und solide bauen, obwohl es länger dauert. Die Mauer soll fest und sicher werden. Sie soll nicht einstürzen. Da muß jeder Stein an der richtigen Stelle liegen.

„Sisyphos, was tust du?"

„Ich bringe mein Haus in Ordnung."

„Du sollst meinen Tempel bauen."

„Ich muß meine Hand schonen."

„Deine Hand ist gesund. Los an die Arbeit!"

„Ich habe mir überlegt . . ."

„Du sollst tun, was ich dir sage!"

„Ich habe mir überlegt . . ."

„Keine dummen Ausreden. Du hast keine Lust mehr!"

„Ich habe mir überlegt . . ."

„Ich werde mir gleich überlegen, ob ich einen anderen mit dieser Arbeit beauftrage, du fauler Nichtsnutz!"

„Hör doch zu."

„Tu, was ich dir sage. Los an die Arbeit! Diese Arbeit ist der Zweck deines Lebens. Ohne diese Arbeit bist du nichts. Ein nutzloses Staubkorn. Für niemanden wichtig."

Sie hört einfach nicht zu. Vielleicht sollte ich ihr den Gefallen tun und an dem Tempel arbeiten. Sie kann sehr böse werden und ist gewaltig stark und mächtig hartnäckig.

Dort oben auf den Berg paßt ein großer protziger Tempel nicht hin. Deshalb werde ich ihn nicht weiterbauen.

Ihre Wut macht mir Angst und ihre Macht. Sie kann mir sehr gefährlich werden.

Wenn ich ihren Auftrag nicht erfülle, wird sie tief verletzt sein. Darf ich sie so enttäuschen?

Sie hat Vertrauen zu mir gehabt, mich ausgewählt vor vielen Jahren. Ich war heimatlos und ohne Ziel. Einen Tempel bauen ist ein Aufgabe, die sich lohnt, eine Aufgabe, die ausfüllt.

Ausfüllt?

Nur einen leeren Raum kann man ausfüllen.

Bin ich leer?

Muß ich mich ausfüllen lassen durch eine fremde Aufgabe?

Die Steine dort oben füllen eine große Fläche aus. Unter ihnen wächst nichts mehr. Sie ersticken viel Wachstum. Was wird in mir erstickt durch diese Aufgabe?

Hera, ich fürchte, es wird einen harten Streit geben zwischen uns.

Ich habe Angst davor. Dennoch habe ich keine Wahl.

Wenn ich tue, was du willst, werde ich stückweise sterben, immer mehr, jeden Tag ein weiteres Stück, bis ich ganz versteinert bin, bis kein eigenes Leben mehr in mir ist.

In der Ferne schreit ein Esel. Die meisten Leute behaupten, Esel seien dumm, weil sie eigenwillig sind und nicht jeden Sack tragen, den man ihnen aufládt. Manche Esel werden schwer geschlagen dafür. Dennoch behalten sie ihren Willen. Bin ich schwächer als ein Esel?

Ich lasse mir nicht mehr alles aufladen. Ich werde anfangen, für mich selbst zu sorgen. Ich lebe nicht, um alle Lasten zu schleppen, die mir andere aufladen wollen.

Bisher habe ich für den Tempel gelebt.

Aber jetzt?

Wofür lebe ich jetzt?

So eine Aufgabe hat ihre Vorteile. Sie gibt Sinn.

Oder täuscht sie Sinn vor?

Wenn ich nicht weiterbaue an dem Tempel für Hera?

Gibt es dann noch einen Sinn für mich?

Ich werde mit Eumaios darüber reden. Hat er eine Aufgabe, die ihm Sinn gibt?

Er scheint eine solche Aufgabe nicht zu brauchen. Oder täusche ich mich da?

Als er tanzte, ganz für sich allein, wo war da der Sinn?

Diese Frage, ist sie eine richtige Frage?

Ist es wichtig, sie zu beantworten?

Als ich ihm zusah, dachte ich da an Sinn?

Früher kam mir Tanzen albern und sinnlos vor.

Als ich ihm zusah, als ich später selber tanzte, war diese Frage sehr weit weg, unwichtig, belanglos.

Ich werde weiter an der Mauer bauen, damit die Wand fertig wird, damit meine Hütte fertig wird, damit sie ein neues Dach bekommt, damit ich im Winter im Trockenen schlafen kann. Diese Arbeit hat Sinn.

Wenn ich vorher sterbe? Oder im Winter im Dorf lebe mit den anderen zusammen?

Einerlei, ich will leben, und hier zu Hause sein. Ich will meine Hütte in Ordnung bringen. In der Winterzeit ein festes Dach über dem Kopf haben. Außerdem macht es Spaß, die Mauer wiederaufzubauen, die Wand meiner Hütte. Ich tue es für mich.

Her und hin

Sisyphos, seit einigen Tagen bist du hier, ohne einen einzigen Stein auf den Berg zu rollen."

„Das stimmt."

„Du sollst Steine auf den Berg rollen. Hera hat dir diese Aufgabe gegeben. Was ist los?"

„Ich war lange krank, Zeus."

„Deine linke Hand war angebrochen. Sonst nichts."

„Sie hat ihre alte Kraft noch nicht zurückgewonnen."

„Du bist schlaff und faul geworden. Heute abend will ich einen neuen Stein auf dem Berg sehen."

„Das ist unmöglich, Zeus."

„Das muß möglich sein."

„Ich bin klüger geworden. Hör zu."

„Du sollst arbeiten und keine langen Reden halten. Erfülle deine Pflicht!"

„Hör bitte zu, Zeus."

„Du willst dich drücken. Ich kenne das. Wenn du nicht sofort weiterarbeitest, wird kein Geld im Krug sein. Keine Arbeit, kein Lohn."

„Ich kann noch nicht arbeiten, Zeus."

„Du bist gesund genug."

„Hör bitte zu. Ein Tempel dort auf dem Berg, ist das sinnvoll?"

„Du wagst zu fragen, ob deine Aufgabe sinnvoll ist?"

„Ich war lange krank und hatte Zeit zum Nachdenken."

„Du glaubst, klüger zu sein als Hera und ich. Das werde ich dir austreiben. Heute abend will ich einen neuen Stein oben sehen."

Den Gefallen könnte ich ihm tun. Diesen Stein werde ich nehmen. Er ist sehr schön, und er paßt genau in meine Faust. Ihn werde ich nach oben tragen. Dann muß Zeus zufrieden sein. Ein neuer Stein ist oben. Wird er wütend werden? Wird er sich genarrt fühlen, der große Herr, nicht ernst genommen?

Ich will vorsichtig sein. Dieser Stein ist eine gute Waffe. Ich nehme meinen Brennspiegel mit. Damit kann ich ihn blenden, solange die Sonne scheint. Vielleicht finde ich einen festen Stock. Eine Keule vom Olivenbaum wäre gut.

Zeus, ich habe Angst vor diesem Streit. Verzichte auf diese unsinnige Arbeit. Laß mich mein Leben leben. Akzeptiere, daß ich nicht dein Sklave sein will, daß ich mein Leben nicht von dir ruinieren lassen will.

Dieser Ast gibt eine gute Keule.

Was hilft sie mir? Mit einer Keule kann ich gegen Menschen kämpfen, aber gegen Zeus?

Olivenbaum, ich werde dich heil lassen.

Ich werde ohne Keule auf den Berg gehen.

Zeus könnte ich mit einer Keule sowieso nicht besiegen. Es wäre dumm von mir, es überhaupt zu versuchen.

Den Stein werde ich unten lassen und den Brennspiegel.

Diese stachelige Pflanze mit den schönen Blüten nehme ich mit auf den Berg. Und einen Wasserschlauch, um sie zu gießen. Die werde ich oben pflanzen und auf Zeus warten.

Habe ich eine Chance, ihn friedlich zu stimmen?

Habe ich eine Chance, mein Leben zu leben?

Mit einer Keule könnte ich ihn vielleicht beeindrucken, von einem Angriff abhalten. Zeus würde sehen, daß ich mir nicht alles gefallen lasse. Oder würde er besonders wütend werden und seine Donnerkeile nach mir schleudern? Wenn nicht heute, dann vielleicht morgen oder übermorgen. Er duldet keinen Widerspruch, der gewaltige Chef. Warum eigentlich?

Wenn ich ihn mit dem Brennspiegel blende? Das wird ihn überraschen. Er wird fürchten, daß ich eine Waffe habe, die seinen Blitzen ebenbürtig, vielleicht sogar überlegen ist. Ich sollte zur Vorsicht doch den Brennspiegel mitnehmen. Man kann nie wissen.

Man kann nie wissen. Deshalb nehme ich ihn nicht mit. Sonst lasse ich mich zu einem Kampf hinreißen, den ich diesmal vielleicht gewänne. Aber was würde das nützen?

Es ist schon komisch.

Jahrelang habe ich tote Steine auf den Berg gestemmt. Jetzt trage ich einen Korb mit lebenden Pflanzen nach oben. Dornen haben sie und einige schöne Blüten. Vorsichtig habe ich sie ausgegraben, um ihre Wurzeln möglichst wenig zu verletzen. Mühsam war es und langwierig. Schwer ist der Korb geworden. Ich habe ihn häufig abgesetzt. Für das Wasser werde ich ein zweites Mal gehen.

Jetzt bin ich oben. Ich werde einen schattigen Platz für die Pflanzen suchen, damit sie besser anwachsen. Diese Stelle wähle ich. In einigen Jahren werden sie die Steine festhalten.

Wenn Zeus mich angreift?

Was dann?

Ich weiß es nicht.

Ich werde mit ihm reden.

Wenn er nicht hört?

Er hat mir höchst selten zugehört.

Wird er sich ändern?

Ich habe mich geändert. Ich will keine sinnlose Arbeit verrichten den ganzen Tag, mein ganzes Leben und sonst nichts.

Vielleicht akzeptiert er es?

Vielleicht, hoffentlich.

Jetzt werde ich die Pflanzen in die Erde setzen.

Behutsam und sorgfältig geht Sisyphos mit den Pflanzen um. Eine nach der anderen bekommt einen Platz, wo möglichst Schatten und genug Erde ist. Nach einer Weile ist er fertig, geht bergab zur Quelle, um Wasser zu holen.

Zum ersten Mal gehe ich bergauf mit Wasser für die Pflanzen, damit sie anwachsen zwischen den vielen Steinen. Morgen werde ich ihnen wieder Wasser bringen. Wenn nötig auch die kommenden Tage, bis ihre Wurzeln alleine genug Kraft haben.

„Was trägst du?"

„Wasser für die Pflanzen."

„Steine sollst du den Berg heraufbringen."

„Ich habe oben ein paar Pflanzen gesetzt."

„Törichter Unfug. Heute abend will ich einen neuen Stein oben sehen."

„Das ist leider nicht zu schaffen."

„Ich will es. Du mußt es schaffen."

Zeus, was liegt dir an diesem Tempel? Oder willst du nur deinen Willen durchsetzen, deine Macht über mich genießen? Dabei ist es nicht einmal dein eigener Wille. Hera will den Tempel haben. Es wird gar kein Tempel für dich.

Jetzt bin ich oben und werde den Pflanzen Wasser geben. Hoffentlich wachsen sie gut an.

Wird das Wasser reichen? Vielleicht sollte ich sie heute abend ein zweites Mal gießen.

Ich habe absolut keine Lust, Steine den Berg hinaufzuwälzen. Diese dumme und stumpfsinnige Arbeit. Hier oben soll ein Tempel entstehen. Wozu, Zeus und Hera?

Hätte ich doch Zeus klar gesagt, daß ich keine Steine mehr hochwuchten werde, daß ich nicht sein Sklave bin, der nur für ihn lebt und schuftet.

Wütend wäre er geworden, vielleicht hätte er mich getötet.

Ich will leben. Ich will leben, aber nicht als totes Werkzeug.

Was tue ich bloß? Wird er irgendwann begreifen, daß ich mein eigenes Leben führen will?

Vielleicht begreift er es, fürchtet es sogar. Vielleicht braucht er mich.

Ich will nicht von ihm verbraucht werden.

Schaffe ich es überhaupt noch, einen Stein nach oben zu stemmen? Viele Wochen habe ich es nicht getan. Lust dazu habe ich keine. Aber ich werde guten Willen und Leistungsbereitschaft zeigen. Ich gehe jetzt hinunter und suche mir einen Stein aus, einen kleineren zum Wiederangewöhnen.

Stein, sei nicht so stur, bewege dich! Ich fürchte, der ist zu schwer. Versuche ich lieber diesen.

Wo ist meine Kraft geblieben? Früher hat mir ein Stein von dieser Größe keine Schwierigkeiten gemacht. Das darf nicht wahr sein. Ich will diesen Stein schaffen. Endlich bewegt er sich. Bergauf mit dir!

Wo ist meine Kraft geblieben? Früher ging es viel besser, da habe ich zwei Steine an einem Tag nach oben gestemmt. Zwei Steine, jeder viel schwerer als dieser.

Gleich geht die Sonne unter.

Meine Muskeln schmerzen. Ich bin diese Arbeit nicht mehr gewohnt. Für heute reicht es, obwohl der Stein erst halb oben ist. Morgen kommt der zweite Teil. Besser übermorgen. Morgen werde ich die Wand weiterbauen. Meine Hütte soll fertig sein, bevor der Winter kommt.

„Hier steckst du, Faulpelz! Warum ist der Stein nicht oben, so wie ich befohlen habe?"

„Es ist der erste Stein nach langer Krankheit."

„Stein nennst du das. Ein kleines Steinchen ist er."

„So klein ist er nicht."

„Fauler Schwächling."

„In ein paar Tagen ist meine Kraft wieder da."

„Nimm den Mund nicht so voll. Gib nicht so an."

„Morgen abend ist dieser Stein oben. Übermorgen der nächste, du wirst sehen."

Ob ich das schaffe? Bestimmt! Heute war nur der erste Versuch. Meine Kraft wird zurückkommen. Ich kann mich auf sie verlassen. Ich bin kein Schwächling.

Nachts träumt Sisyphos, wie er einen riesigen Stein nach oben wuchtet. So einen großen Stein hat er noch nie bezwungen. Oben angekommen, ist er stolz auf seine Leistung. Zeus und Hera sind zufrieden und loben ihn. Später kommt Hera ein weiteres Mal.

„So gefällst du mir, Sisyphos."

Sie gibt ihm einen ersten Kuß. Einen viel versprechenden, viel fordernden Kuß.

Das war ein schöner Traum.

Eigentlich wollte ich heute an meiner Hütte weiterbauen, wollte mich nicht um diese blöden Steine kümmern. Wenn der Winter kommt, soll meine Hütte fertig sein. Das ist wichtig für mich. Die Steine oben auf dem Berg nützen mir nichts. Es war dumm, daß ich Zeus gestern versprochen habe, den angefangenen Stein heute nach oben zu schaffen. Aber ich muß mein Versprechen halten.

Da bin ich, Stein. Meine alte Kraft lebt auf. Es wird ein leichtes sein, dich nach oben zu stemmen.

Irgendwie geht es nicht so schnell wie früher. Mittags ist der Stein bei weitem noch nicht oben.

Ich brauche eine Pause. Was ist diese Arbeit mühsam und schwer! Zum Glück ist der Stein nicht weggerollt. Ein paar Mal konnte ich ihn kaum halten. Hoffentlich geht es morgen besser. Hätte ich doch Zeus gestern nicht zugesagt, den Stein heute nach oben zu schaffen. Dann könnte ich jetzt zu meiner Hütte gehen oder besser ins Dorf und mit Eumaios unter dem Olivenbaum sitzen. Irgendwie habe ich mich herausgefordert gefühlt. Jetzt sitze ich hier, total verausgabt, unzufrieden. Eigentlich sollte der Stein jetzt oben sein. Warum habe ich das nicht geschafft? Nur nicht aufgeben.

In der Mittagshitze den Stein weiter nach oben zu wuchten ist unklug. Ich gehe jetzt zu meiner Hütte, esse und trinke, baue an der Wand.

Danach geht es zurück an diesen Stein. Es wäre eine Schande, wenn ich ihn heute nicht auf den Gipfel bekäme.

Wird mein Traum in Erfüllung gehen? Wird mir Hera einen Kuß geben?

Der Stein im Traum war riesengroß.

Leicht und angenehm ist die Arbeit an der Wand. Langsam wächst die eingerissene Mauer.

Ich baue an meinem Haus, damit es rechtzeitig vor dem Winter fertig wird.

„Sisyphos, was tust du?"

„Ich gehe ja schon."

„Du hast versprochen, den Stein heute nach oben zu bringen."

„Das halte ich auch ein."

„Ich sehe dich hier an deiner Hütte."

„Ich habe eine kleine Pause gemacht."

„Faule Ausrede."

„Eine kleine Pause in der Mittagshitze, damit ich gleich ausgeruht an die Arbeit gehen kann."

„Deine Pause ist reichlich lang."

„Verzeih, Zeus, ich vergaß die Zeit."

„Heute abend soll er oben sein."

„Ich schaffe es bestimmt."

Die Sonne wird bald untergehen. Es wird knapp werden. Los, Stein! Roll bergauf, so wie ich will.

Ich muß es schaffen. Ich habe es versprochen. Hera hat mich auserwählt, den Tempel zu bauen. Das verpflichtet.

Ist Heras Wille wichtiger als meiner?

Was will ich eigentlich? Ich, Sisyphos?

Eine warme, regensichere Hütte im Winter.

Ist der Tempel nicht viel wichtiger?

Was ist mein Wille dagegen?

Sie hat mich erwählt.

Los, Stein, da geht es lang.

Halt, nicht bergab.

Das war knapp. Fast wäre er entwischt.

Ich konzentriere mich lieber auf den Stein. Gedanken lenken ab. Alle Arbeit wäre umsonst, wenn ich nicht aufpasse und der Stein nach unten poltert.

Jetzt ist es zu dunkel zum Weiterarbeiten. Nein, ein bißchen wird es noch gehen.

Heute schaffe ich es nicht mehr. Das darf mir nie wieder passieren. So eine Schande. Ich verspreche Zeus, den Stein heute nach oben zu schaffen, und schaffe es nicht. Vertrödele zuviel Zeit bei meiner Hütte. Schaffe es einfach nicht.

Hoffentlich wird er nicht zornig. Er hätte recht damit. Ich an seiner Stelle wäre sehr ärgerlich. Versprechen sind einzuhalten. Ich bin müde. Wenn ich weitermache und mir der Stein entgleitet, das wäre schlimmer. Besser aufhören. Morgen früh nehme ich den Rest in Angriff. Dann schaffe ich es bestimmt. Nach der Mittagshitze fange ich rechtzeitig mit dem zweiten Stein an. Dann sieht Zeus, daß ich mir Mühe gebe. Dann wird er hoffentlich zufrieden sein.

Meine Kraft muß wiederkommen. Die Verletzung hat mich weit zurückgeworfen.

Ich will meine Kraft wieder haben. Ich werde sie zurückholen. Ich werde beweisen, daß ich kein nutzloser Mann bin. Auf mich kann man sich verlassen.

Am nächsten Morgen ist Sisyphos ganz der alte. Hastig wird gegessen, dann schnell zum Stein.

Eine Schande wäre es, wenn ich mittags diesen Stein nicht oben hätte. Ich will es schaffen, ich muß es schaffen, ich werde es schaffen.

Los, Stein, setz dich in Bewegung. Ich zeige dir, wo es langgeht. Ich zeige dir deinen Weg. Heute mittag will ich dich oben haben. Alles Sträuben ist zwecklos. Versuche keine faulen Tricks. Du sollst nach oben auf den Berg. Nach oben, sag' ich, nicht bergab, du Lump. Das kommt überhaupt nicht in Frage.

So gefällst du mir. Schön brav dahin rollen, wo ich dich hin haben will. So soll es sein. Es hat wirklich keinen Zweck, wenn du versuchst, Schwierigkeiten zu machen. Es würde mich nur ärgern, mich wütend machen. Du hättest nichts davon, denn du mußt nach oben, ob du willst oder nicht. Du hast überhaupt keine Wahl. Ich bin stärker als du. Das habe ich tausendfach bewiesen.

Stein, hier geht es lang. Hörst du! Hier.

So ist es brav. Gleich bist du oben. Da wirst du eine Weile

liegen, bis der Tempelbau beginnt. Du sollst nämlich ein Stein in einem neuen Tempel werden, in einem Tempel für Hera. Im nächsten Jahr werden Steinmetze kommen und dich in die richtige Form bringen. Ein prächtiger Stein wirst du werden, nicht ein unförmiges plumpes Gebilde bleiben. Richtig groß wirst du herauskommen. Ein Stein in Heras Tempel sein. Ich sehe, das überzeugt dich. Du rollst fast von alleine nach oben. Halt, nicht so schnell, und vor allem nicht in die falsche Richtung. Nach oben sollst du, habe ich gesagt, und nicht nutzlos in der Gegend herumliegen.

Geschafft. Wir sind oben. Mein Kraft ist zurück, mein Wille zur Leistung. Ich lebe auf.

Schnell zur Hütte, essen und trinken. Dann zum nächsten Stein. Hera und Zeus werden staunen, wenn sie heute abend zwei neue Steine oben sehen. Zufrieden sollen sie mit mir sein.

Bewege dich, Stein, liege nicht faul und träge herum. Heute abend sollst du oben sein.

Warum steht die Sonne so tief? Das ist zu früh. Sonne, halte ein. Der Stein ist noch nicht oben. Warte, Sonne. Zeus, befiehl der Sonne, daß sie anhalten soll, eine kurze Zeit nur. Denn gleich ist es geschafft, gleich habe ich diesen Stein nach oben gebracht.

„Sisyphos, was tust du?"

„Du störst."

„Sisyphos, was tust du?"

„Ich muß arbeiten, hart arbeiten."

„Deine Arbeit hat Zeit, Sisyphos."

„Nein, sie hat keine Zeit. Sie geht vor. Heute abend soll der Stein oben sein. Halte mich nicht auf und geh."

„Heute schaffst du es nicht mehr. Die Sonne geht gleich unter."

„Zeus, halte die Sonne fest, ich brauche ihr Licht für meine Arbeit an Heras Tempel."

„Du kannst den Stein morgen das letzte Stück nach oben schaffen."

„Morgen kommt der nächste Stein an die Reihe."

Die Sonne geht unter.

„Gleich habe ich es geschafft."

„Du schaffst es heute nicht mehr."

„Ich erzwinge es."

„Sisyphos, hör auf für heute. Komm mit zu deiner Hütte, bevor es dunkel wird. Denk an den Sturz neulich, als du deine Hand gebrochen hast. Sei vernünftig und komm."

Endlich ist Eumaios weg mit seinem Gerede. Ich habe es nicht mehr hören können. Der Stein muß nach oben. Alles andere ist unwichtig.

Jetzt muß ich aufpassen, daß ich im Dunkeln den Stein nicht in die falsche Richtung rolle. Gut, daß der Mond scheint. Vollmond wäre besser. Halbmond reicht auch.

Geschafft. Der Stein ist oben. Das ist eine Leistung. Die kann sich sehen lassen.

Was wollte Eumaios hier?

Sisyphos, was tust du?

Ich arbeite. Endlich nach der langen Krankheit habe ich mich gefangen, habe wieder Sinn in meinem Leben, ein Ziel, das sich lohnt. Der Tempel für Hera. Nächstes Jahr soll er fertig werden.

Morgen kommt ein neuer Stein nach oben. Im Frühjahr

werden genug da sein. Dann holt Hera sich Steinmetze, die werden die Steine vorbereiten und den Tempel bauen. Den Tempel mit meinen Steinen.

Verrenkt

Die Sonne steht schon hoch, schnell aufstehen. Ich habe zu lange geschlafen. Was bin ich steif! Alle Muskeln schmerzen. Gestern lief die Arbeit wie geschmiert. Richtig flott ging sie von der Hand. Warum bin ich so ausgelaugt? Ich will nicht ausgelaugt sein. Rasch essen und dann an den nächsten Stein. Von der Arbeit wird mir warm werden, die Müdigkeit verschwinden.

Ich habe nichts zu essen. Ich muß ins Dorf gehen einkaufen. Nein, ich beginne zuerst mit dem Stein und gehe später ins Dorf. Jetzt, vor der Mittagshitze, läßt sich gut arbeiten. Essen kann ich später. So behindert mich kein voller Bauch beim Steinestemmen.

Du bist heute dran. Dich wähle ich aus. Heute mittag bist du oben am Ziel, durch meine Kraft, durch meinen Willen.

Es ist heiß. Ich habe kaum angefangen. Sonne, brenn nicht so stark. Du störst bei der Arbeit. Warum stehst du schon im Zenit? Mittags soll der Stein halb oben sein, nein, ganz oben.

Mir wird schwindelig, meine Augen schwimmen.

Ich muß mich setzen. Schnell den Stein sichern.

Es ist heiß. Ich habe Hunger. Diese harte Arbeit ohne Frühstück und ohne Abendessen gestern. Dumme Sonne, ohne deine stechende Hitze wäre es kein Problem.

Jetzt geht es wieder. Ich schaffe weiter bis mittags. Dann gehe ich ins Dorf zum Einkaufen.

Stein, sei nicht so widerspenstig. Ich bezwinge dich.

Sonne, du bist verrückt. Es ist doch erst vormittags. Ich habe kaum angefangen mit Arbeiten. Ich verstehe es nicht.

Einerlei, ich muß jetzt aufhören und ins Dorf gehen. Nachmittags arbeite ich weiter.

„Händler, schicke mir jeden vierten Tag deinen Sohn mit einem Vorrat an Nahrungsmitteln. Ich habe wieder angefangen zu arbeiten und deshalb keine Zeit, selbst einzukaufen. Meine Quelle gibt genug Wasser, er muß nur jeden vierten Tag kommen."

„Musaios hat in den nächsten Wochen leider keine Zeit."

„Er darf mich nicht im Stich lassen."

„Er hat wirklich keine Zeit."

„Wieviel Geld willst du?"

„Ich werde im Dorf fragen, ob ein anderer geht."

„Sieh zu, daß du jemanden findest. Ich habe keine Zeit, mich darum zu kümmern."

„Sisyphos, wohin gehst du? Setze dich zu mir."

„Ich bin in Eile."

„Nimm dir Zeit für ein paar Worte."

„Nein."

„Du warst gestern abend kurz angebunden."

„Du hast mich bei der Arbeit aufgehalten. Das ärgerte mich."

„Ich wollte sehen, wie es dir geht. Du warst mehrere Tage nicht hier."

„Es geht mir gut."

„Ich habe mir Sorgen um dich gemacht."

„Das ist absolut unnötig."

„Ich mache mir Sorgen um dich."

„Misch dich nicht in meine Angelegenheiten ein."

„Du arbeitest wieder wie verrückt."

„Ich schaffe für Heras Tempel."

„Du bist besessen davon."

„Ich habe ein Ziel."

„Es ist nicht dein Ziel."

„Es ist mein Ziel. Ich muß es erreichen."

„Und dann?"

„Nächstes Jahr wird der Tempel gebaut. Dann sind genug Steine oben."

„Und dann?"

„Dann habe ich das Ziel erreicht."

„Und dann?"

„Frage nicht so dumm."

„Du weißt keine Antwort?"

„Hera wird eine neue Aufgabe für mich haben, an der ich mich beweisen kann."

„Und danach?"

„Gleich geht die Sonne unter. Der Stein soll noch nach oben. Ich muß weg."

Endlich bin ich bei meiner Hütte. Gut, daß der Mond scheint, so kann ich weiterarbeiten und den Stein nach oben schaffen. Jeden Tag ein Stein ist das mindeste. Das muß ich schaffen.

Richtig bequem hast du es dir gemacht, Stein. Das hat jetzt ein Ende. Auf, weiter geht es. Oben auf dem Berg kannst du ausruhen und faulenzen, bis die Steinmetze kommen und aus dir einen anständigen Stein machen. Mit Ecken und Kanten, gerade und klar. Du wirst deinen Platz im Tempel bekommen. Wenn du brav und willig bist, bekommst du einen besonders guten Platz. Halt, nicht dorthin! Wenn du noch einmal solche Schwierigkeiten machst, kommst du in den Boden, daß alle auf dir herumtreten. Also sperre dich nicht. Ich mache meine Drohung wahr.

Endlich geschafft. Der Stein ist oben. Eine kleine Pause steht mir zu.

Sisyphos, was tust du?

Der alte Eumaios soll sich nicht in meine Angelegenheiten einmischen. Er versteht sie nicht. Er ist zu alt.

Vielleicht ist er eifersüchtig auf mich?

Weil er nie eine richtige Aufgabe bekam, weil seine Kräfte dazu nicht ausreichen. Alter Eumaios, deine Kräfte hätten nie dafür gereicht, auch als du jung warst.

Was tust du eigentlich den ganzen Tag?

Herumsitzen, schwätzen, dich um Sachen kümmern, die dich nichts angehen.

Eumaios, was tust denn du?

Gib zu, daß du nichts schaffst, nichts wirklich Wichtiges, was zählt.

Ich lasse mich nicht von dir aufhalten.

Sisyphos steht auf, um zur Hütte zu gehen. Irgend etwas irritiert ihn. Er stutzt.

Es ist so anders hier. Warum?

Meine Steine sind fort.

Wo sind die Steine? Hera! Zeus! Wo sind meine Steine?!

Meine Steine sind verschwunden. Meine jahrelange Arbeit vergeblich. Das ist nicht wahr.

Es ist so leer hier ohne Steine.

Wo bin ich?

Wie bin ich auf diese kümmerliche Anhöhe geraten?

Der trübe Mond ist schuld, daß ich den Weg verfehlte. Hart werde ich mich an dir rächen, faule Funzel.

Das lasse ich nicht auf mir sitzen. Ich bringe sofort den Stein richtig nach oben. Wenn das die Leute sehen, auslachen werden sie mich, blamiert wäre ich bis auf die Knochen. Und Hera wird mich verachten nach diesem Mißgeschick.

Sie darf es nicht erfahren. Auf keinen Fall.

Schnell, Stein, dorthin sollst du. Schnell, bevor es jemand merkt.

Bewege dich, los!

Er will nicht.

Er kann auch nicht. Ich habe ihn gut abgesichert.

Schnell die Absicherung beseitigen. Nun geht es.

Es geht immer noch nicht.

Noch ein Versuch. Er rührt sich nicht vom Fleck.

Stein, du bekommst einen gewaltigen Tritt, wenn du hier träge liegenbleibst. Ich werde dir Beine machen.

Er will einfach nicht.

Der Mond geht gleich unter. Es wird stockdunkel.

Ich kann nicht mehr. Ich muß noch können.

Stein, bewege dich. Ein kräftiger Stoß. Mein Rücken. Nicht jetzt. Nein, nicht jetzt. Nur nicht jetzt.

Ich muß mich setzen, legen.

Gleich geht es wieder. Das Ziehen im Rücken wird schon besser.

Der Stein muß heute noch an die richtige Stelle. Diese Schande darf keiner mitbekommen. Erst recht Hera nicht.

Ich komme nicht hoch.

Der Boden ist kalt.

Sisyphos, was tust du?

Hilflos am Boden liegen. Lächerlich. Unmöglich.

Ich will hoch. Jetzt sofort.

Es geht immer noch nicht.

Wie konnte das passieren?

So eine Dummheit.

Ich gebe nicht auf. Noch ein Versuch.

Es gelingt nicht.

Die Kälte dringt in meinen Körper.

Ich will aufstehen. Ich muß aufstehen.

Es geht nicht.

Hoffentlich kommt niemand vorbei und sieht mich so hilflos hier liegen. Diese Schande ertrüge ich nicht.

Ich gebe nicht auf.

Jetzt geht es. Ich sitze. Gleich stehe ich und schaffe weiter.

Lange hält Sisyphos das Sitzen nicht aus. Er muß sich wieder legen. Unruhig schläft er bis zur Morgendämmerung.

Ich liege immer noch hier.

Die Sonne wird mich wärmen. Dann kann ich aufstehen und weiterarbeiten.

Warum mußte das passieren?

Gleich wird es wieder gehen.

Nach einigen schmerzhaften Versuchen gelingt es Sisyphos, sich zu setzen.

Gut, daß mich keiner gesehen hat.

Irgend etwas muß sich verrenkt haben. Hoffentlich kann ich weiterarbeiten.

Vielleicht sollte ich mich von Ganieda massieren lassen. Dann wird die Arbeit besser gehen.

Jetzt habe ich genug gesessen.

Es geht. Ich stehe.

Hoffentlich sieht keiner, daß ich diesen Stein in die falsche Richtung gerollt habe.

Dummer Stein, du bist an allem schuld.

Das Gehen ist mühsam. Wenn ich richtig warm bin, wird es bestimmt besser.

Ich mache eine Pause bei meiner Hütte. Ich habe Durst und Hunger.

Das Wasser tut gut. Die warme Sonne auf dem Rücken. Mein Rücken wird allmählich besser. Ich brauche Ganieda nicht.

Ich gehe doch lieber zu ihr. Vielleicht muß sie nur den Rücken etwas einrenken. Dann bin ich die Schmerzen los.

„Sisyphos, was tust du?“

„Zeus.“

„Du liegst faul herum. Du hast den ganzen Morgen nichts getan.“

„Ich habe gestern meinen Rücken verrenkt.“

„Dir fallen immer neue Ausreden ein. Los an die Arbeit!“

„Es geht nicht. Schau dir meinen Rücken an.“

„Dein Rücken interessiert mich nicht. Der Tempel muß fertig werden.“

„Die ganze Nacht habe ich bei den Steinen gelegen und konnte mich nicht rühren.“

„Sieh zu, daß du schnell wieder arbeitest. Der Tempel eilt.“

Der Tempel eilt wirklich, ich weiß. Er ist wichtig. Es gibt nichts Wichtigeres. Aber ich kann im Augenblick nicht. Ganieda muß erst meinen Rücken in Ordnung bringen.

Ich werde mich jetzt auf den Weg ins Dorf machen. Es ist schmerzhaft. Rücken, warum quälst du mich?

„Du stehst schief, Sisyphos. Was ist?“

„Ich habe meinen Rücken ein bißchen verrenkt. Ich glaube, ich denke, könntest du mich kurz massieren?“

„Im Augenblick habe ich wenig Zeit.“

„Wann kann ich wiederkommen?“

„Du kannst kaum gehen. Lege dich dort hin.“

„Drehe dich vorsichtig auf den Bauch. Sage, wenn es weh tut.

Beiß nicht so die Zähne zusammen. Sage, wenn es weh tut. Ich muß wissen, wo es besonders weh tut, um dir helfen zu können.“

„Jetzt.“

„Ich werde dir richtig weh tun müssen.“

„Ich kann es aushalten."

„Das war tapfer von dir. Warum beißt du immer die Zähne so fest zusammen? Du kannst jetzt aufstehen. Geht es?"

„Es geht. Du hast Zauberhände, Ganieda."

„Du mußt deinen Rücken eine Weile schonen, Sisyphos. Sonst ist er gleich wieder ausgerenkt."

„Ich muß arbeiten."

„Schaffst du weiterhin Steine auf den Berg?"

„Natürlich, der Tempel für Hera muß fertig werden."

„Du mußt eine Weile Pause machen. Sei vernünftig, Sisyphos, bitte."

„Ich muß arbeiten. Danke, Ganieda. Hier ist Geld."

Erleichtert geht Sisyphos zurück. Er kauft ein und fragt, ob der Händler einen Jungen gefunden hat, der ihm anstelle von Musaios jeden vierten Tag Nahrungsmittel bringen kann.

Der Händler hat keinen gefunden. Auf niemanden ist Verlaß.

Abends ist Sisyphos bei seiner Hütte.

Schade, daß es schon dunkel ist. Sonst könnte er jetzt den Stein an die richtige Stelle bringen. So wartet er lieber bis morgen, obwohl es schwerfällt.

Heute bin ich zum Glück rechtzeitig aufgewacht. Meinem Rücken geht es gut. So soll es sein. Schnell essen und an die Arbeit. Den gestrigen Tag habe ich vertan. Der letzte Stein liegt noch an der falschen Stelle. Das muß ich in Ordnung bringen, bevor es jemand merkt und ich blamiert bin.

Eigentlich müßte ich dich zur Strafe bergab stoßen, Stein. Wieso bist du hierher gerollt? Dort, auf den Berggipfel gehörst du, dort soll der Tempel gebaut werden, nicht hier.

Wolltest du dich vor deiner Aufgabe im Tempel drücken?

Du kommst zur Strafe tief unten in das Fundament, oder du wirst zerschlagen zu kleinen Füllsteinen, wenn du nicht willig bist.

Stein, ich bringe dich auf den richtigen Weg, auf die Straße des Erfolges.

Du stockst, störrischer Stein, bleibst einfach liegen. Was soll das? Ein kräftiger Stoß wird dir Beine machen.

Nein. Nicht schon wieder. Mein Rücken. Der Stein muß nach oben.

Es geht nicht.

Ich muß mich legen.

Warum werde ich vom Pech verfolgt?

Der Stein muß nach oben. Sofort. Sofort.

Gleich wird es gehen.

Ich stehe auf.

Ich muß aufstehen.

Es geht nicht.

Gut, daß wenigstens die Sonne scheint. Ich lasse meinen Rücken wärmen. Dann wird es gleich gehen. Sonne, hilf mir.

Jetzt geht es.

Nein, ich liege nicht hilflos hier. Ich bin der starke Sisyphos. Ich schaffe schwere Steine auf den Berg. Ich baue Heras Tempel. Jeden Tag zwei Steine für ihren Tempel. Niemand kann mir das nachmachen. Hera braucht mich. Sie kann nicht auf mich verzichten. Sie darf mich nicht fallenlassen ins Leere.

Sie braucht mich. Sie braucht mich unbedingt.

Sie ist unberechenbar.

Heute habe ich nichts geschafft. Gestern auch nichts.

Ich bin nichts wert. Sie wird mich verachten und fallenlassen. Vielleicht hat sie mich bereits fallengelassen.

Mir ist kalt.

Nein, sie braucht mich für ihren Tempel. Gleich geht es weiter. Sie kann nicht auf mich verzichten. Sonst wird ihr

Tempel nie fertig. Nur ich bin stark genug, solche Steine auf den Berg zu rollen. Nur ich.

Jetzt stehe ich auf.

Verdammte Schmerzen.

Zähne zusammenbeißen und weiterarbeiten.

Los, Stein, bewege dich! Auf, zum Gipfel deines Steinelebens!

Nur dort oben bist du wichtig.

Reiß dich zusammen, Stein. Dort oben ist dein Ziel. Halte es dir klar vor Augen. Laß dich von ihm unwiderstehlich anziehen.

Warum bewegst du dich nicht? Liegst still und starr?

Sei nicht dumm. Nimm Vernunft an.

Denk an den Tempel, an das große Ziel, deine strahlende Zukunft.

Auf, Stein! Enttäusche mein Vertrauen nicht!

Er will einfach nicht.

Schlimmer als ein störrischer Esel.

Stein, ich bin stärker als du.

Gehe lieber freiwillig nach oben.

Soll ich dich zwingen?

Ich weiß, wie ich dich zwingen kann.

Du hast keine Chance. Du mußt ausführen, was ich will.

Hörst du, was ich will.

Was ich will. Was ich will. Was ich will.

Verdammter Rücken.

Der Stein bewegt sich einfach nicht.

Ich muß mich setzen.

Ganieda, komm, meinen Rücken einzurenken.

Dann kann ich arbeiten.

Dann hat der träge Stein keine Chance.

Dann kann er sich nicht die Frechheit erlauben, hier liegenzubleiben.

Dann werde ich mich durchsetzen.

Unten im Dorf wird sie sein.

Ich brauche ihre Hilfe.

Ganieda, hörst du mich?

Komm vorbei, ganz zufällig.

Renke meinen Rücken ein.

Eigentlich könnte Hera kommen und mir helfen.

Schließlich arbeite ich für sie, für ihren Tempel.

Nein, besser nicht.

Wenn sie mich hier liegen sieht, verachtet sie mich und wählt einen anderen.

Sie darf meine Schwäche nicht sehen.

Wenn sie doch kommt, oder Zeus?

Diese Vorstellung ist schrecklich, lieber nicht daran denken.

Ich stehe sofort auf und gehe ins Dorf zu Ganieda.

Bevor Zeus oder Hera kommen und mich hier liegen sehen,

Mein Rücken.

Ich sitze.

Ich stehe.

Vielleicht sollte ich auf allen vieren bergab gehen.

Sicherer wäre es schon.

Wenn mich jemand dabei sieht?

Ich werde gehen.

Ein Stock wäre gut. Ich habe keinen. Ich brauche keinen. Ich stehe fest auf meinen Beinen.

Der Weg ist so weit.

Endlich bei meiner Hütte. Ich habe großen Durst. Ich werde eine kleine Pause machen, mich neben die Quelle legen.

„Sisyphos, was tust du?"
„Ich plane den Tempel."
„Ich bin der Baumeister."
„Ich dachte, ich könnte . . ."
„Arbeiten sollst du, Steine auf den Berg schaffen."
„Ich schufte mit allen meinen Kräften."
„Du liegst faul an deiner Quelle und träumst."
„Ich träume nicht, ich plane. Stell dir vor . . ."
„Die Planung geht dich nichts an. Los, an die Arbeit!"
„Ja, Zeus."

Gut, daß er fort ist. Zum Glück hat der große Chef nichts gemerkt. Oder will er nichts merken?

So kann es nicht weitergehen. Was soll ich tun?

Steine auf den Berg schaffen will ich. Rücken, du sollst auch wollen.

Es ist Nachmittag. Ich muß mich ins Dorf aufmachen zu Ganieda, damit ich morgen weiterarbeiten kann.

Rücken, quäl mich nicht.

Das Dorf ist so weit, so weit entfernt. Der Weg lang.

Warum mußte das mit meinem Rücken wieder passieren?

Womit habe ich es verdient?

Ich habe es nicht verdient. Nein, im Gegenteil. Es ist vollkommen ungerecht. Es ist sinnlos und ungerecht.

Ich arbeite den ganzen Tag für Heras Tempel. Und jetzt das zur Belohnung.

Ich muß Geduld haben, mich anstrengen.

Wenn der Tempel fertig ist, dann werde ich belohnt. Richtig belohnt, von Hera selbst.

Endlich das Dorf, es ist bald dunkel.

Dort ist Ganiedas Haus.

Hoffentlich lacht sie mich nicht aus oder schimpft.

Aufpassen soll ich, hat sie gesagt, meinen Rücken schonen.

„Sisyphos? Du stehst verkrampft wie gestern. Komm herein."

„Dort kannst du dich hinlegen."

„Danke, Ganieda."

„Warum hast du nicht auf mich gehört? Ich habe dir gesagt, du sollst deinen Rücken schonen."

„Ich muß arbeiten."

„Mit deinem Rücken kannst du nicht arbeiten."

„Ich muß aber."

„Es geht nicht, sieh das endlich ein. Du machst deinen Rücken ganz kaputt."

„Der Tempel muß fertig werden."

„Ich weiß, Sisyphos. Du hast nichts anderes im Kopf."

„Er muß fertig werden."

„So bekommst du ihn nie fertig. Geht es jetzt wieder?"

Weg ist der schwache starke Mann. Oh, Sisyphos. Du tust mir leid. Hast du Angst, daß du so schnell davonläufst?

Schlange und Adler

He, Sisyphos. Wohin so hastig?"

„Arbeiten natürlich."

„Komm her, setze dich zu mir."

„Ich bin in Eile, Eumaios."

„Du bist immer in Eile."

„Ich muß arbeiten."

„Heute nicht mehr. Es wird gleich dunkel."

„Hat dein Sohn einen Jungen gefunden, der mir meine Nahrungsmittel bringen kann?"

„Ich weiß es nicht. Setze dich, ich gehe ihn fragen."

„Mein Sohn ist noch nicht wieder hier. Warten wir auf ihn. Du hast Ganieda besucht?"

„Sie hat meinen Rücken massiert. Er schmerzte von der Arbeit."

„Geht deine Arbeit gut voran?"

„Selbstverständlich. Hoffentlich kommt dein Sohn bald. Ich habe keine Zeit, lange zu warten."

„Als du vorhin vorbei gingst, gingst du ziemlich schief."

„Du bist zu neugierig."

„Was ist los, Sisyphos? Irgend etwas stimmt nicht."

„Es geht dich nichts an."

„Vielleicht kann ich dir helfen."

„Ich brauche keine Hilfe."

„Etwas Hilfe wird nicht schaden."

„Ich schaffe es alleine."

„Du machst dich kaputt, Sisyphos.

Als du uns vor einigen Tagen verlassen hast, da habe ich gehofft, du wirst in Zukunft besser auf dich aufpassen. Leider schuftest du schlimmer als vorher. Wenn du so weitermachst, wirst du bald nur noch an Krücken gehen können."

„Ich muß den Tempel fertigbauen. Danach kann ich Pause machen."

„Du brauchst sofort eine Pause. Du brauchst viel Erholung, viel Ruhe."

„Hera will den Tempel."

„Ist dir dieser Tempel das Allerwichtigste?"

„Er ist das Allerwichtigste."

„Dann kann dir niemand helfen. Schade."

„Ich muß jetzt gehen."

„Ich lade dich zum Abendessen ein."

„Ich muß gehen."

„Bitte bleib. Ich lade dich ein."

„Wenn dir der Tempel das Allerwichtigste ist, mußt du dafür sorgen, daß du ihn fertigstellen kannst. Dazu mußt du gesund sein und bleiben. Wenn dein Rücken ruiniert ist, wirst du es nie schaffen."

„Rede nicht so."

„Du mußt besser auf dich aufpassen. Du brauchst eine lange Pause, obwohl Hera und Zeus dich antreiben. Es ist schlecht, wenn du weiter so hart arbeitest. Du ruinierst dich noch mehr und bringst wenig zustande."

„Ich kann nicht tatenlos herumsitzen. Es ist langweilig und sinnlos."

„Du mußt dich schonen, sonst wirst du den Rest deines Lebens tatenlos herumsitzen müssen. Willst du das?"

„Dann lieber sterben. Am besten mitten in der Arbeit."

„Lebst du nur, um zu arbeiten?"

„Ich lebe für Hera, für ihren Tempel."

„Sonst nichts?"

„Als ich vor ein paar Tagen nach der langen Pause den ersten Stein auf den Berg geschafft hatte, ging es mir richtig gut. Da hatte ich Erfolg und spürte meine Kraft. Ich wurde gebraucht. Warum willst du mich von meiner Arbeit abhalten? Gönnst du mir sie nicht, weil dein Leben keinen Sinn hat, du nichts schaffst, sondern nur tatenlos herumsitzt ohne Ziel?"

„Es ging mir ähnlich wie dir, Sisyphos. Ich suchte meinen Sinn bei einer Frau. Ich glaubte fest, ihn bei ihr gefunden zu haben. So, wie du bei Hera und ihrem Tempel.

Es war ein fremdes Leben, ein fremdbestimmtes Leben. Ich hoffte, ich wurde gebraucht. Nichts war mir wichtig außer dieser Frau. Sie war meine Mitte, mein Zuhause.

Diese Liebe fraß mich auf. Immer mehr. Ich merkte es nicht. Ich ließ mich gerne fressen.

Plötzlich wollte sie nicht mehr.

Es traf mich wie ein Schneesturm in der Sommerhitze. Ein Teil von mir erfror langsam und schmerzhaft.

Mein Lebenssinn war fort.

Verzweifelt suchte ich neuen Sinn, eine Frau, die mich wollte, eine Aufgabe, wo ich gebraucht wurde.

Bald fand ich eine und flüchtete zu ihr.

Ich machte einen Kopfsprung, ohne nachzudenken. Endlich ein neuer Sinn.

Es war zu flach. Ich schlug hart auf, rutschte weiter, blieb im Schlamm stecken.

Irgendwie kam ich heraus, war betäubt und gelähmt für lange Zeit.

Noch ein Versuch?

Immer wieder das Gleiche geschickter wiederholen?

Oder?

Monate später nahm ich an einem Fest teil.

Die Leute tanzten sehr verschieden. Einige Männer pendelten ständig um Frauen herum, mühten sich ab, von frau beachtet zu werden. Sie strengten sich an, ihr Können zu zeigen, mit ihrer Kraft und Geschicklichkeit zu protzen. Aber sie wirkten haltlos und lächerlich.

Viele Frauen dagegen tanzten ganz anders. Sie bewegten sich selbstsicher und leicht. Sie hatten Freude an ihren Bewegungen, an ihrem Körper. Sie tanzten für sich.

So war mann immer schon gewesen. Ich kannte es nicht anders. Aber muß ich so bleiben? Wollte ich weiterhin auf eine fremde Mitte hoffen, um Halt zu finden? Warum eigentlich? Kann ich wie diese Frauen meine Mitte in mir selber finden? Ich begann es zu lernen. Ich suche meine Mitte in mir. Ich lebe für mich.

Ich habe tanzen gelernt.

Es hat lange gedauert.

Stell dich mal hin. Geht es wieder?

Stell dich fest auf den Boden.

So, jetzt paß auf. Paß gut auf.

Ich prüfe, ob du feststehst.

Ich tippe dich etwas an die Brust.

Bleib stehen, Sisyphos.

Lerne festzustehen, damit dich nicht ein Windhauch umwirft.

Stell deine Füße etwa hüftbreit auseinander, die Füße parallel.

Die Füße stehen jetzt richtig.

Aber noch immer wirft ein Windhauch dich um, denn deine Beine sind steif und starr.

Gehe leicht in die Knie. Halte den Körper gerade und aufrecht.

Jetzt kommt dein Becken an die Reihe. Bewege es nach vorne, so weit es geht. Nun wieder zurück. Schwinge langsam vor und zurück. Suche die richtige Ruhelage. Die untere Wirbelsäule soll gerade sein, gerade wie ein starker Baum.

Nun laß dein Becken kreisen. Langsam und bewußt. Laß den Kreis enger werden zur Spirale. Konzentriere ihn in deiner Mitte.

Öffne deine Brust. Bewege dein Brustbein ein Stück nach vorn. Deine Schultern gehen dabei von allein leicht nach hinten, ganz ohne Anspannung. Ziehe deinen Bauch dabei nicht ein. Laß ihn locker.

Richte deinen Kopf auf. Stelle dir vor, daß dein Scheitel leicht nach oben gezogen wird, daß da ein Seil ist bis zum Himmel. Deine Halswirbelsäule soll gerade sein, nicht nach hinten gebogen.

Laß dich in Gedanken in die Erde sinken und in den Himmel fliegen. Du sinkst und du fliegst. Weil du willst. Nicht weil die Erde dich anzieht oder der Himmel an dir zerrt. Nur weil du willst.

Versuche locker zu stehen. Stehe fest und sicher. Sei ganz in dir. Alles andere ist im Augenblick unwichtig.

Du bist im Himmel, ein Adler, der unter der Sonne fliegt. Du bist tief in der Erde, eine Schlange, die sich am heißen Herz der Erde wärmt.

Du bist Energie tief unten in der Erde und Energie hoch oben am Himmel, und Energie in dir.

Sonne und Vulkan.

Schlange und Adler.

Die Schlange ist die Schwester der Erde, die Schwester des Vulkans. Sie hütet seine Kraft, achtet darauf, daß niemand zu nah kommt und sich verbrennt.

Der Adler ist der Bruder der Sonne. Er fliegt hoch und sieht weit. Er läßt sich tragen vom Wind. Er warnt alle, die der Sonne zu nah kommen, daß sie nicht verbrennen und abstürzen wie Ikarus.

Laß deine Wärme in dir strömen durch deinen ganzen Leib.

Spüre die Energie von Himmel und Erde in dir. Einmal mehr Himmel, dann wieder mehr Erde. Dann die Energie zwischen beiden. Alles gleichzeitig, immer wechselnd. Deine Energie. Das ist Leben.

Schlange und Adler leben in dir. Sperr sie nicht ein. Sie brauchen Freiheit, um leben zu können. Sonst verkümmern sie und sterben, und du stirbst mit.

Der Adler braucht die Schlange. Die Schlange braucht den Adler. Achte darauf, daß beide stark sind.

Wenn deine Schlange verkümmert, muß sich dein Adler ein fremdes Nest suchen, eine fremde Schlange, die stärker ist als die Schlange in dir. Dann hast du dich verloren. Der Adler wird immer nur Gast sein im fremden Nest. Immer wird er kämpfen, daß die fremde Schlange ihn nicht umschlingt und gefangenhält, ihm Luft zum Atmen und Fliegen läßt, daß die fremde Schlange ihn nicht hinauswirft oder einen anderen Adler bevorzugt.

Sisyphos, du bist wie ein heimatloser, müder Adler. Ein Adler ohne Nest, voller Angst und Verzweiflung. Ein Adler voller Traurigkeit und ohne Kraft.

Eine fremde Schlange kann dir nur wenig wirkliche Kraft geben. Du brauchst die Kraft der eigenen Schlange. Nur ihr kannst du wirklich vertrauen.

Ohne einen starken Adler fühlt sich die Schlange nicht wohl. Darum muß der Adler Freiheit haben zu fliegen, seine Kraft zu entwickeln. Darum sperre deinen Adler nicht ein. Sonst brauchst du irgendwann einen fremden Adler, der nie dein eigener Adler sein wird, so eng und fest du ihn auch umschlingst.

Aber das ist mehr eine Gefahr für Frauen, daß sie ihren

eigenen Adler nicht leben, sondern verkümmern lassen, fremde Adler anlocken, einfangen wollen. Allerdings kann der fremde Adler nie den eigenen ersetzen. Er muß ständig um seine Freiheit ringen, die Schlange bekämpfen, denn sonst verkümmert er.

Der Flug des Adlers ist prächtig und kraftvoll. Nichts scheint ihn aufzuhalten. Die Schlange kann ihm nicht folgen. Doch kein Adler kann ewig fliegen. Er wird müde und friert. Er muß achtgeben, nicht abzustürzen, gegen Felsen zu prallen. Der Sturm droht sein Gefieder zu zerfetzen.

Achte die Schlange nicht geringer als den Adler. Sie wohnt in der Erde, im Verborgenen. Ihre Augen haben viel Macht, ihr Leib ist stark. Erde und Sonne wärmen sie. Sie ist immer zu Hause.

Sei nicht mutlos. Sperre deine Schlange und deinen Adler nicht vor Angst ein. Trau dich, dein Leben zu leben.

Es braucht lange, dies zu lernen. Oft gibt es Rückschläge. Aber es lohnt sich. Es lohnt sich von Anfang an.

Nun lerne eine kleine Übung. Ich habe sie von Menschen aus einem fernen Land. Sie hat zwei Namen: den Himmel stützen und Wasser schöpfen.

Stell dich so wie eben. Sinke zur Erde, fliege in den Himmel. Sei ganz in dir.

Deine Hände formen ein Gefäß vor deinem Bauch. Die Fingerspitzen sind einander zugewandt, sie berühren sich nicht. Die Arme und Hände sind rund und nach oben offen. Nun schöpfe mit deinen Händen Wasser. Hebe es langsam bis zu deinem Nabel. Drehe dein Gefäß nach unten. Gib das Wasser frei. Gib es der Erde zurück.

Die Handflächen zeigen zur Erde. Nun laß sie langsam mit runden Armen nach oben kreisen bis über deinen Kopf. Stütze den Himmel. Laß beide Arme seitwärts nach unten kreisen. Bilde erneut ein Gefäß mit deinen Händen.

Schöpfe Wasser für dich.

Stütze den Himmel, trinke Licht.

Genieße Wasser und Licht. Nimm, soviel du brauchst. Gib beides weiter, das Wasser und das Licht.

Komm, es ist Zeit zum Abendessen."

Erneuerung

„Du hast lange geschlafen, Sisyphos."
„Ich war sehr müde."
„Ich habe dir zu essen mitgebracht."
„Danke, Eumaios."
„Wie geht es deinem Rücken?"
„Im Augenblick spüre ich ihn nicht."
„Laß dir Zeit zum Aufwachen."

„Bald wird der Winter kommen. Meine Hütte ist nicht fertig. Ich habe sie vernachlässigt."
„Du wirst sie nicht rechtzeitig fertig bekommen."
„Das fürchte ich auch."
„Wenn du willst, kannst du den Winter über hier bleiben."
„Danke, Eumaios, ich habe gerade überlegt, euch darum zu bitten."
„Frage auch meine Schwiegertochter."

Nach einer Weile steht Sisyphos auf, dehnt und streckt sich.
Warum hat mich die Arbeit wieder so fasziniert, in ihren Bann gerissen? Warum habe ich mich wieder ganz vergessen?

Wenn ich den Winter hier bleibe, ich glaube, das wäre gut.
Sisyphos fragt die Frau. Er kann bleiben, bleiben ab sofort.

„Ich will euch bei der Arbeit helfen."
„Komm mit zur Ernte. Je mehr Leute mit anfassen, desto besser."

Die gemeinsame Arbeit tut gut. Das ist ganz anders als verbissen und alleine Steine auf den Berg rollen.
Manchmal geht Sisyphos zu Ganieda, um seinen Rücken massieren zu lassen. Langsam erholt er sich.
Zu seiner Hütte und zum Berg geht er nicht.

Es wird Winter. Der Regen kommt.

„Eumaios, ich will tanzen lernen."

„Komm einfach mit. Jetzt im Winter haben wir viel Zeit zum Tanzen."

„Eure Tänze sind oft sehr schnell."

„Irgendwann wirst auch du so schnell tanzen."

„Ich kann es mir kaum vorstellen."

„Laß dich tragen von deiner Schlange und deinem Adler."

„Die langsamen Tänze sind genauso wichtig wie die schnellen. Sie sind wichtig zum Suchen, zum Ausruhen, zum Zu-sich-Finden. Zum lustvollen Genießen und Glücklichsein. Wer nicht langsam tanzen kann und will, versteht wenig, dem entgeht viel. Sieh den Flug des Adlers, er gleitet dahin ohne Eile."

Später geht Sisyphos mit Eumaios zum Tanzen.

Anfangs ist er steif und unbeholfen. Er hat wenig Ausdauer. Mit der Zeit wird es besser. Die Freude wächst.

„Heute morgen regnet es nicht. Ich werde zu meiner Hütte und auf den Berg gehen. Ich will nachsehen, ob die Steine festliegen, wo notwendig, sie absichern."

„Paß gut auf dich auf."

Dort steht die Hütte. Soll ich hineinschauen, sehen, ob in dem Krug noch Geld ist?

Vielleicht auf dem Rückweg.

Der Weg hinauf ist naß und glitschig. Der starke Regen hat ihn ausgewaschen.

Jetzt bin ich oben. Gut, daß es trocken ist.

Die vielen Steine. Habe ich sie wirklich alle hierher gerollt? War ich wirklich so verrückt?

Jetzt sind sie hier. Was nun?

Beginne ich meinen Prüfgang, ob sie festliegen. Diesen werde ich besser absichern.

Geschafft. Hoffentlich reicht es.

Hier ist eine Pflanze, die ich im Herbst heraufgetragen habe. Lebt sie noch? Ich habe vergessen, sie zu gießen. Es war so trocken, bevor der Regen kam. Sie ist ganz locker. Schade.

Diese dort steht fester. Vielleicht ist sie angewachsen? Wird sie im Frühjahr neu austreiben, weiterwachsen und leben? Hoffentlich.

Ich wollte im Winter Sträucher und Bäume pflanzen, damit sie die Steine festhalten, damit es hier nicht so tot ist, nur Steine, sonst nichts. Das werde ich bald beginnen, mit Eumaios beraten. Musaios fragen, ob er mir hilft.

Mein Rundgang ist beendet. Zum Glück lagen die meisten Steine fest. Bevor ich heimgehe, setze ich mich, schaue mich um.

Dort ist der kleine Nebengipfel, auf den ich den letzten Stein gerollt habe. Er liegt noch da. Auch ihn sollte ich absichern.

Wenn ich ihn genausogut nach oben bekommen hätte wie die anderen Steine, würde ich dann immer noch Steine auf den Berg rollen? Wahrscheinlich ja.

Widerspenstig war er gewesen, wie behaftet mit einem bösen Fluch. Meinen Rücken habe ich bei ihm ausgerenkt.

Bin ich ihm deshalb böse?

Eigentlich nicht. Die Schwierigkeiten mit ihm haben mir weh getan. Sie haben mir sehr geholfen.

Er war der letzte Stein, den ich nach oben gerollt habe.

Ich will mir vornehmen, nie wieder so besessen zu arbeiten, ohne Rücksicht auf mich.

Ist das ein guter Vorsatz?

Ich habe Zweifel.

Ich will mir vornehmen, sinnvoll zu leben, mit Adler und Schlange.

Wird die Arbeit sich dann von alleine regeln?

Wenn mir eine Arbeit wichtig ist, werde ich sie tun. Aber ich will mich nicht von ihr auffressen lassen.

Dort hinten kommen dunkle Wolken. Unter ihnen treibt eine Regenwand. Ich gehe besser heim, bevor dieser Regen hier ist. Doch erst zu dem letzten Stein.

Miststein. Du hast mir viele Sorgen bereitet, mich viel Kraft gekostet.

Du liegst da, wo ich dich hingerollt habe. Aber du bist nicht da, wo ich dich habe hinrollen wollen.

Zur Erinnerung lasse ich dich hier. Ich sichere dich ab, damit du nicht irgendwann den Berg hinabrollst, zerstörst und vernichtest. Einen Baum werde ich hier pflanzen und viele Sträucher mit farbenfrohen Blüten.

So, das ist geschafft. Jetzt auf nach Hause.

Dort steht meine Hütte, traurig sieht sie aus, so verfallen. Wenn ich nicht wieder mit den Steinen angefangen hätte, wäre sie jetzt fertig. Im nächsten Frühjahr werde ich sie neu aufbauen.

Der Regen ist nah. Die ersten Tropfen. Bis zum Dorf ist es nicht mehr weit.

„Eumaios, ich will Bäume und Sträucher oben auf dem Berg bei den Steinen pflanzen."

„Warum?"

„Ich will, daß dort mehr Leben ist, nicht nur tote Steine. Ich will, daß die Steine von den Pflanzen festgehalten werden, damit sie nicht bergab rollen. Außerdem ist es schön, dort im Sommer unter Bäumen zu sitzen."

„Weißt du, was du pflanzen willst?"

„Nein, deshalb möchte ich mit dir beraten."

„Wo willst du die jungen Bäume und Sträucher hernehmen?"

„Hier unten wachsen viele. Vielleicht können wir ein paar von ihnen nehmen."

„Der Berg ist groß. Wir werden viele brauchen."

„Das bedeutet viel Arbeit."

„Bist du sicher, daß ein Baum von hier unten sich oben wohl fühlt, daß er oben weiterwächst und gedeiht?"

„Warum sollte er das nicht tun?"

„Warum sollte er? Ich kenne viele Bäume. Manche wachsen nur unten im Tal, manche nur auf den Bergen."

„Was sollen wir dann tun?"

„Wir können in den nächsten Tagen zu einem anderen Berg gehen und schauen, was dort wächst."

„Das ist ein weiter Weg."

„Deshalb sollten wir nur wenige junge Pflanzen von dort mitnehmen. Besser ist, wir suchen Samen von den Bäumen und Sträuchern."

„Dann wird es lange dauern, bis die Steine zugewachsen sind."

„Du mußt Geduld haben. Wachsen braucht Zeit."

„Ich will einige Obstbäume in meinen Garten pflanzen, denn meine alten Bäume sind bei einem Feuer verbrannt."

„Was war das für ein Feuer?"

„Der Berg hat ein paarmal gebrannt."

„Wo kam das Feuer her? Weißt du das?"

„Ach, Eumaios. Ich schäme mich. Ich war wütend auf die Skorpione, weil mich einer gestochen hatte. Ich wollte sie ausrotten. Ich wollte sicher sein vor ihnen. Ich wollte mich rächen. Zuerst fing ich an, ihre Verstecke zu durchsuchen. Doch es waren zu viele Verstecke. Ich gab es auf. Dann hatte ich die Idee, sie zu verbrennen, alle auf einen Schlag. Dazu habe ich den Hang angezündet. Es half wenigstens für einige Zeit. Dann ließ ich wieder alles verbrennen, immer wieder."

„Dann stimmt es, was man im Dorf erzählt hat."

„Ich habe den Berg oft verbrannt."

„Du hast viel Leben zerstört."

„Ja."

„Es wird noch mehr über dich erzählt, Sisyphos."

„Man erzählt viel in kleinen Dörfern."

„Manche halten dich für den König Sisyphos. Sie glauben, daß er aus dem Hades entflohen ist und daß du es bist und nicht von deinem Urteil loskommen kannst."

„Das ist dummer Aberglaube. Ich habe mit dem König Sisyphos nichts zu tun. Aber mich reizte die alte Geschichte, und Hera und Zeus gaben mir den Auftrag, es besser zu machen als er. Ich sollte zeigen, daß ich stärker und klüger bin. Und ich habe es geschafft. Viele tausend Steine liegen auf dem Berg."

„Der alte Sisyphos sollte seinen Stein wieder herunterrollen."

„Ein dummes Urteil. Erst den Stein mit großem Aufwand bergauf wuchten und dann gleich wieder bergab rollen lassen. Wo ist der Sinn dieser Arbeit? Wem nutzt sie? Meine Steine dienen zum Tempelbau. Das lohnt die Mühe. Sie herabrollen ist Unsinn."

„Vielleicht sollte er den Stein symbolisch für die Sonne jeden Tag hinauf und dann wieder herabrollen?"

„Was soll die Sonne? Es ist dumm, die Steine wieder herabzurollen. Ich lasse meine Steine oben für Heras Tempel."

„Vielleicht ist uns diese Geschichte falsch erzählt worden. Die Sonne findet ihren Weg alleine, sie braucht nicht unsere Hilfe. Vielleicht sollen wir jeden Tag unseren Weg gehen, bergauf und bergab. Und weil der alte Sisyphos sich in seinem Leben weigerte, bergab zu gehen, muß er zur Strafe in der Unterwelt immer wieder seinen Stein mühsam und vergeblich nach oben stemmen, ohne jemals sein Ziel zu erreichen."

„Zeigte Zeus dir den Stein, den du nehmen solltest?"

„Ja. Er war riesengroß."

„Nahmst du ihn?"

„Natürlich nicht. Gerissen wie ich war, nahm ich kleinere."

„Du nahmst also die falschen."

„Zeus und Hera haben sich nicht beschwert."

„Es waren trotzdem die falschen."

„Kann sein. Ist das wichtig?"

„Du nahmst die falschen Steine. Warum?"

„Der richtige sah riesengroß aus, unheimlich und schrecklich schwer. Ihn zu versuchen, habe ich mich nicht getraut."

„Die Sonne steigt nicht jeden Tag ihre Bahn hinauf und herab. Das ist ein Irrtum, eine Fehleinschätzung. Die Sonne ist ein Feuerball, weit weg von uns."

„Das kann nicht sein. Ich sehe sie jeden Tag ihre Bahn durchziehen."

„Du siehst sie, aber sie steigt nicht hinauf und sinkt

nicht herab. Wir bewegen uns. Wir bewegen uns mit der Erde. Die Erde dreht sich um sich selbst. Jeden Tag einmal. Folglich, wenn du den Lauf der Sonne unterstützen willst, dann bewege dich selbst hier auf der Erde.

Vergeblich war dein Bemühen mit den Steinen. Bewege dich selbst, nicht fremde Steine.

Du bist der Stein, den du bewegen sollst. Sei mutig und bewege dich selbst. Jeden Tag neu hinauf und herab. Trau dich, Sisyphos.

Du wolltest klüger sein mit den falschen Steinen, es dir einfacher und leichter machen. Du hast dich selbst überlistet."

„Morgen wird es trocken sein. Gehen wir zu einem Nachbarberg, um Samen für deinen Berg zu suchen, Sisyphos?"

„Gerne, Eumaios."

„Einige der gesammelten Samen werden wir hier aussäen. Damit auch dieser Berg grüner wird."

„Ein Baum trägt viele Samen, nur wenige werden zu einem neuen Baum. Das ist reinste Verschwendung."

„Es leben viele Tiere von den Samen."

„Ist das den Bäumen recht?"

„Ist es dir recht, wenn du etwas für andere tust, anderen eine Freude bereitest?"

„Es ist reinste Verschwendung."

„Wenn nun die Bäume gerne blühen und ihre Früchte ihr Schmuck sind und sie sie voller Freude verschenken?"

„Das war ein langer Weg heute."

„Mir hat es gutgetan nach dem vielen Regen einen ganzen Tag draußen zu sein. Gehen wir morgen auf meinen Berg, die Samen auszusäen?"

„Es hat keine Eile. Morgen wird es regnen."

„Schade."

„Gedulde dich, Sisyphos."

„Geduld haben ist schwer. Ich will mein Ziel immer sofort erreichen. Wann wird es trocken werden?"

„Einige Tage dauert es."

„Du willst mich auf die Probe stellen."

„Heute bleibt es trocken. Gehen wir beide auf deinen Berg, Sisyphos?"

„Endlich."

„Wir haben die Samen vergessen."

„Ich habe sie absichtlich nicht mitgenommen. Ich will mir den Berg in Ruhe ansehen. Die Samen werden wir später säen."

„Es sind viele Steine oben. Du hast wie wahnsinnig geschuftet."

„Es war eine harte und erfolgreiche Arbeit, viele Jahre lang."

„Du bist stolz auf sie?"

„Ich glaube ja."

„Was soll aus diesen Steinen werden?"

„Wir lassen sie einfach liegen, säen die Samen aus. Dann werden sie mit der Zeit zuwachsen."

„Bis diese Geröllhalde zuwächst, wird es Jahrhunderte dauern."

„Meine Steine sind keine Geröllhalde."

„Doch, sie sind es. Eine Geröllhalde, die Leben erstickt."

„Ein Tempel soll daraus werden, ein Tempel für Hera."

„Wer hat dir das eingeredet?"

„Hera selbst!"

„Bist du sicher?"

„Ich bin ganz sicher."

„Das hast du dir eingebildet."

„Nein. Ich weiß es ganz genau."

„Wer ist Hera?"

„Was fragst du?"

„Glaubst du, was man von den Göttern erzählt?"

„Ich habe den Auftrag direkt von Hera erhalten, von ihr selbst."

„Vor langer Zeit waren in jedem Menschen Schlange und Adler lebendig. Irgendwann bekamen die Menschen Angst vor beiden, vor der Schlange und dem Adler. Sie engten beide immer mehr ein. Deshalb ging es den Menschen allmählich schlechter. Ihre Angst vor der Schlange und dem Adler wuchs. Da beschlossen sie, die Schlange und den Adler weit fortzuschicken. Nach einer Weile merkten sie, daß ihnen etwas Wichtiges verlorengegangen war. Der Adler und die Schlange waren fort.

Die Menschen fingen an, sich Geschichten von der großen Schlange und dem großen Adler zu erzählen. Es ging ihnen besser, wenn sie die Geschichten erzählten, wenn sie sich an die Schlange und den Adler erinnerten, von ihnen träumten.

Der Adler und die Schlange wurden immer neu und immer weiter fortgeschickt, bis zum Olymp, bis in den Himmel. Später hat man die Götter aus ihnen gemacht. Die große Göttin Hera, sie war einmal die Schlange in jedem Menschen. Die Menschen hatten Angst vor ihr und verbannten sie in den Olymp. Genauso bei Zeus. Der war der Adler in jedem. Auch er wurde verbannt. So haben wir jetzt die Götter, viele Götter, Götter für jede Gelegenheit. Unsere Schlange und unseren Adler haben wir verloren. Wir sind sehr arm geworden. Arm und kraftlos, ohne eigenen Sinn und ohne eigenes Ziel.

Hole die Schlange zu dir zurück. Laß die Schlange in dir leben. Dann ist sie ein Teil von dir und nicht die gewaltige

Göttin, die dich dahin treibt, wo du nicht hin willst, die Macht über dich hat, der du nicht widerstehen kannst.

Genauso ist es mit Zeus. Verscheuche den Adler nicht in den Himmel. Laß den Adler in dir leben. Gib ihm Raum zu fliegen. Dann ist er ein Teil von dir, dann ist Zeus ein Teil von dir und nicht ein ferner fremder Gott, der dir Angst macht und dich bevormundet."

„Meinst du, es gibt die Götter gar nicht?"

„Ich weiß es nicht.

Vielleicht sind sie von den Menschen erfunden worden.

Vielleicht gibt es sie irgendwie doch."

„Gehen wir weiter. Komm mit auf den Gipfel des Berges.

Ich zeige dir den Tanz der Schlange, den Tanz des Adlers."

„Jetzt sind wir oben. Du bist außer Atem, Sisyphos. Bin ich zu schnell gegangen? Stell dich dorthin und schau zu."

Eumaios tanzt.

„Du bist unsicher. Du zitterst. Komm in meine Arme, ruh dich aus."

„Verstehst du jetzt, warum die Menschen Angst bekamen vor ihrer Schlange und ihrem Adler? Beide sind stark und können sehr gefährlich werden.

Deshalb muß jeder vorsichtig mit ihnen umgehen, damit er nicht zerrissen wird. Am Anfang sollte man nie alleine die Schlange und den Adler wecken. Das ist zu gefährlich. Tanze deine Schlange und deinen Adler zunächst nur, wenn jemand dabei ist, der die Macht der beiden kennt. Ich zum Beispiel oder Ganieda. Irgendwann kannst du alleine tanzen, wenn du willst."

„Ich habe dir nur einen Anfang von dem Tanz gezeigt, den ich selbst erst lerne, dessen Ende ich nicht kenne. Wenn du willst, zeige ich dir später mehr."

„Hier oben auf dem Berg sind zu viele Steine. Die meisten müssen hinunter, Sisyphos."

„Meine Steine sollen oben bleiben."

„Ich will dich nicht drängen, die Steine sofort hinunterzurollen. Aber du wirst es tun müssen. Die Steine würden das neue Leben zu lange ersticken."

„Können sie nicht doch oben bleiben, die meisten wenigstens?"

„Nur wenige dürfen oben bleiben, die meisten müssen hinunter."

„Es fällt mir verdammt schwer und will mir nicht in den Kopf. Jahrelang habe ich hart gearbeitet und die Steine auf den Berg gewuchtet. Jetzt soll ich sie einfach hinunterrollen, den Tempel aufgeben?"

„Ja, du sollst. Die Steine stören hier. Merkst du das nicht?"

„Dort ist eine Senke vor dem Nebengipfel. In diese Senke kannst du einen Teil der Steine hineinrollen lassen. Dann rollen sie nicht den ganzen Berg hinunter. Am besten ebnest du zuerst einen Weg zu dieser Senke, sonst wird ein Teil der Steine woanders hinrollen und unnötig viel zerstören.

Wenn du Langeweile bekommst und dich austoben mußt, kannst du in dieser Senke mit den Steinen eine große Zisterne bauen, vielleicht einen kleinen See. Überlege es dir.

Die Samen hier oben zu säen hat erst dann Sinn, wenn du die meisten Steine fortgeschafft hast. Deshalb entschließe dich bald. Bleibe nicht zu lange an deiner alten Arbeit hängen, sie darf die Zukunft nicht erdrücken."

„Du bist sehr bestimmt, Eumaios, wie Hera."

„Wundert dich das? Ich habe dir doch gesagt, daß die Schlange in mir lebt, die Schlange, die viele Hera nennen und ganz weit weg wünschen."

„Ich habe Angst vor dieser Schlange."

„Ich manchmal auch, Sisyphos.

Dann habe ich Zweifel, ob es wirklich so ist mit der Schlange und dem Adler, wie ich dir vorhin erzählt habe.

Vielleicht ist es ganz anders.

Vielleicht gab es die Schlange und den Adler nicht von Anfang an, vielleicht sind beide erst nach und nach in einigen Menschen entstanden, langsam gewachsen, so daß wir uns immer noch an sie gewöhnen müssen.

Wie es wirklich war, weiß ich nicht. Ich würde es gerne wissen. Ich muß es nicht wissen.

Wichtiger ist, wie ich heute lebe, lebe mit meiner Schlange und meinem Adler.

Wichtig ist, daß ich beiden, daß ich mir genug Raum zum Leben verschaffe, daß ich meine Schlange und meinen Adler lebe und sie nicht vor Angst einsperre.

Vor vielen Jahren war meine Schlange schwach und krank, mein Adler flügellahm und traurig, von einer fremden Schlange arg gerupft.

Ganz allmählich wurde meine eigene Schlange wach und lebendig. Sie rekelte und sie streckte sich. Sie wuchs und tanzte, wurde stark. Mein Adler hatte endlich ein Zuhause, erholte sich. Jetzt geht es beiden gut. Und beide wachsen weiter."